ÉLÉMENTS

DE LA

GRAMMAIRE LATINE,

DE LHOMOND.

TROYES, IMPRIMERIE D'ANNER-ANDRÉ.

ÉLÉMENTS

DE LA

GRAMMAIRE LATINE,

DE LHOMOND.

NOUVELLE ÉDITION,

Revue et corrigée par un membre de l'université.

TROYES,

ANNER-ANDRÉ, LIBRAIRE-ÉDITEUR,

Place de l'Hôtel-de-Ville, N°s 5 et 7.

1839.

NOTICE

DES

PRINCIPAUX LIVRES CLASSIQUES

QUI SE TROUVENT A LA

LIBRAIRIE D'ANNER-ANDRÉ,

PLACE DE L'HÔTEL-DE-VILLE, N°ˢ 5 ET 7,

A TROYES.

꧁·❀·꧂

Classiques français.

Étude de la langue française.

Grammaire selon l'Académie, par Bonneau et Lucan, revue par M. Michaud, membre de l'Académie française; 1 volume in-12.

Grammaire française de Lhomond; — de Noël et Chapsal; — de l'abbé Gaultier; — de Ch. Martin.

* Nouveaux éléments de la Grammaire française, d'après les meilleurs auteurs, accompagnés de questionnaire, d'exercices gradués et de modèles d'analyse; par M. Chéron; 1 vol. in-12, cartonné; prix, 75 c.

Dictionnaire français, par Wailly; — idem, par Boiste; — idem, par Rivarol.

* Vocabulaire français, édition économique; 1 vol. in-8°, relié; prix, 5 fr.

Dictionnaire français, par Peigné; in-32, relié, 1 fr. 25 c.

* Dictionnaire français, in-18, relié, 1 fr. 50 c.

Exercices français, par Noël et Chapsal. — Leçons d'analyse logique et d'analyse grammaticale; — Traité des participes; par les mêmes auteurs, etc.

Exercices orthographiques, par Bonneau.

Rhétorique française, par Leclert; — par Gérard.

Oraisons funèbres de Bossuet et de Fléchier.

Morceaux choisis de Bossuet, de Fénélon, de Fléchier, de Massillon, de Fleury, de Baudrand, de Buffon.

Chefs-d'œuvre dramatiques de Racine, de Corneille et de Voltaire.

Boileau. — La Fontaine (fables). — La Henriade. — Télémaque. — Le Petit-Carême de Massillon. — Delille, l'Enéïde en vers français; le poème de l'imagination; l'homme des champs, etc. — Leçons françaises de littérature et de morale, par Noël et Delaplace; 2 vol. in-8°.

Géographie.

Géographie de Balbi, — de Crozat, — de l'abbé Gaultier. — Abrégé des géographies de Crozat, Lacroix et Lenglet-Dufresnoy. — Abrégé de géographie, par Pannelier; — par Le Tellier; — par Meissas et Michelot, etc., etc.

Cartes murales, cartes muettes et feuilles de projections.
Atlas géographiques de F. Delamarche ; — de Monin ; — de madame
Tardieu ; — de Selves, etc.

Histoire.

Histoire de France, par Michelet ; — Abrégés d'histoires de France,
par le Ragois ; — par madame de St-Ouen ; — par Delapalme ; —
par Em. Bonnechose ; — par Ch. Martin.
* Cours d'histoire à l'usage des élèves de l'école militaire.
Histoire sainte, 1 vol. in-18 ; prix, 50 c. — Histoire ancienne, in-12,
br., 70 c. — Histoire romaine, in-12 ; 70 c. — Histoire de France,
in-12, br., 1 fr.
* Discours sur l'histoire universelle, par Bossuet ; 1 vol. in-12, br., 1 fr.
50 c.
Histoire ancienne de Loriquet ; — de Mme St-Ouen. — Précis par Des-
michels. — Histoire romaine, par Dumont. — Histoire du moyen-âge.

Mathématiques.

Arithmétique de Bezout ; — de Bourdon ; — de Reynaud ; — d'Olivier.
* Abrégé d'arithmétique décimale, appliquée au système métrique, par
Lachave ; 1 vol. in-12 ; prix, 1 fr. 50 c.
Abrégé d'arithmétique, par Vernier ; — par Constantin, etc.
Traités de géométrie et d'algèbre par les meilleurs auteurs.
Traités de chimie, par Orfila ; — par Thénard ; — par Desmarets, etc.
Traités de physique, par Pouillet ; — par Flaugergues.
Notions d'histoire naturelle, par Delafosse ; 2 vol. in-12, planches.

Auteurs latins.

Epitome historiæ sacræ. — Robinson Crusoeus. — Epitome historiæ
Græcæ. — Appendix de diis et heroïbus poeticis. — De viris illustri-
bus Romæ, (avec ou sans dictionnaire). — Phædri fabulæ. — Selectæ è profanis scriptoribus historiæ. — Novum Testamentum. — Cor-
nelius Nepos. — Florus. — Cæsaris commentaria. — Quintus Curtius.
— Selecta Ciceronis opera (en cahiers séparés.) — Selectæ ex Ovi-
dio fabulæ. — Sallustius. — Virgilii opera. — Narrationes è Tito
Livio. — Res memorabiles. — Horatii carmina. — Taciti opera, etc.
Dictionnaire latin-français et français-latin, par Noël. — Gradus ad
Parnassum, par le même auteur. — Dictionnaire latin-français et
français-latin, par Alfred de Wailly. — Manuel latin de Boinvilliers.
Cours de thèmes de Thibault. — Manuel latin de Liskenne. — Cours
de thèmes et de versions.

Auteurs Grecs.

Fables d'Ésope. — Évangile Saint-Luc. — Dialogues des morts de Lu-
cien. — Vies des hommes illustres par Plutarque. — L'Iliade d'Ho-
mère. — Les tragédies de Sophocle et d'Euripide. — La Cyropédie
de Xénophon. — Les Philippiques de Démosthènes. — Ses discours
choisis. — L'apologie de Socrate par Platon, etc., etc.

On trouve en général chez le même libraire, tous les ouvrages adoptés
dans les colléges et dans les séminaires.

PRÉFACE.

CETTE Grammaire est divisée en trois parties. La première contient les éléments de la langue latine, à l'usage des commençants : on s'est proposé d'écarter de ces commencements tout ce qui pourrait embarrasser ou rebuter les enfans.

Pour faire sentir à l'enfant l'usage des premières leçons, et dissiper l'ennui qui les accompagne, l'on a mis à la fin de chaque espèce de mots la règle générale de Syntaxe qui la concerne ; ainsi, après qu'il a décliné des noms, on lui apprend que, pour joindre ensemble deux noms, l'on met en français le mot *de* entre les deux noms, et qu'en latin on met le second au génitif. Par ce moyen l'on peut, au bout de quelques jours, lui donner pour devoir *flos horti*, *pedum pastoris*, *odor rosæ*, etc., à traduire en français, et ce sera une petite version ; ou bien *le fruit de l'arbre*, *le palais du roi*, *la lumière du soleil*, etc., à mettre en latin, et ce sera un petit thême. L'enfant

en sait assez pour faire ces deux petites opé-
rations, qui concourent également à graver la
règle dans sa mémoire, et qui ne peuvent
manquer de le flatter agréablement, par la
pensée qu'il est déjà capable d'opérer dans une
langue qu'il ne connaissait pas encore peu de
jours auparavant. De même après qu'il a décliné des adjectifs, on lui dit que pour joindre
un adjectif avec un nom, on donne à cet adjectif le même genre, le même nombre, et le
même cas que ceux du nom ; ce qui le met en
état de traduire en français ces petites phrases :
rora pulchra, pater bonus, exemplum egregium,
etc. , ou de mettre en latin celles-ci : *la bonne
mère, le beau jardin, le temple magnifique*, etc.
On ajoute aussi la règle générale des pronoms
à l'article des pronoms, la règle générale des
verbes à la fin des conjugaisons, etc., etc.
Cette manière de présenter séparément les
premiers procédés de la langue, a encore cet
avantage, qu'elle les grave plus nettement et
plus distinctement dans l'esprit des enfants.

La seconde partie contient la *Syntaxe*, et
la troisième renferme ce que l'on appelle la
Méthode.

J'ai essayé de mettre dans ces deux parties
plus d'ordre, et surtout plus de clarté, en di-
visant les règles composées, pour ne pas présenter trop d'objets à la fois, en plaçant chaque
règle dans le lieu où l'enfant a déjà acquis les
connaissances nécessaires pour la comprendre,

en indiquant par une version littérale les tours étrangers à notre langue, etc., etc., etc.

Les règles qui guident dans l'étude du latin sont de deux espèces. Les premières conviennent à cette langue considérée en elle-même et sans aucun rapport à toute autre langue : telles sont celles que Cicéron eût données à son fils. Il ne lui aurait parlé que de la phrase latine, et nullement des locutions françaises qui n'existaient pas alors. Cette première espèce de règles est l'objet de ce qu'on appelle *Syntaxe latine*, qui doit contenir les règles de la langue latine, abstraction faite de toute autre langue.

Mais il y a des règles d'une autre espèce à apprendre. Elles sont fondées sur la différence que l'on remarque entre le latin et une autre langue à laquelle on le compare, le français, par exemple : telles sont les règles qui concernent notre conjonction *que*, notre prénom indéfini *on*, etc. Ces dernières règles sont la matière de ce que l'on appelle *Méthode latine*, qui ne doit être qu'un recueil des principales différences qui se trouvent entre ces beux langues.

Il suit de-là que la Syntaxe latine doit être la même en tous pays, au lieu que la méthode latine est différente en différents pays où l'on parle un idiome particulier. La méthode latine, en France, doit contenir les différences que l'on remarque entre le français et le la-

tin ; en Allemagne, la méthode latine indique-
rait celles qui se trouvent entre le latin et l'al-
lemand, etc.

En suivant cet ordre, les gallicismes ne de-
vraient pas être placés dans la Syntaxe ; mais,
comme il arrive souvent qu'ils ont un rapport
marqué avec certaines règles de la Syntaxe,
j'en ai rapproché quelques-uns de ces règles,
pour faire mieux sentir le rapport. En général,
j'ai cherché l'ordre et la clarté, mais j'ai cru
qu'au besoin, je devais préférer la clarté à l'ordre : c'est la raison de quelques déplacements
que l'on pourra remarquer.

On ne trouvera qu'un seul changement dans
les termes de grammaire ; c'est qu'au lieu du
mot *substantif*, que les enfants n'entendent
point, j'ai toujours employé celui de *nom*, dont
le sens est clair. Du reste, j'ai respecté le langage reçu : ainsi j'ai dit *le nominatif du verbe*,
au lieu de *sujet du verbe*, parce que le nominatif ayant une terminaison propre, les enfants
le connaissent, pour ainsi dire, de vue, au lieu
que le mot de *sujet* ne présente qu'une idée
abstraite. J'ai même employé l'expression de
nominatif français, quoique notre langue n'ait
point de cas, parce que le rapport particulier,
dont le nominatif est le signe, est commun à
toutes les langues.

Est-il besoin d'avertir que les règles conte-
nues dans cet ouvrage sont établies sur l'usage
le plus fréquent des auteurs ? Je sais qu'ils s'en

écartent quelquefois ; mais le dire à des enfants, ce serait les jeter dans l'incertitude, et
mettre de la confusion dans leurs idées. J'ai
choisi les exemples les plus courts, afin de ne
point partager l'attention de l'enfant, et de
fixer ses yeux et son esprit uniquement sur le
mot qui est l'objet de la règle.

Au surplus, le meilleur livre élémentaire,
c'est la voix du maître qui varie ses leçons, et
la manière de les présenter selon les besoins
de ceux à qui il parle : rien ne peut tenir lieu
de ce secours. Prétendre qu'un livre muet
puisse le remplacer, c'est une pure charlatane-
rie.

Je connais les nouveaux plans de grammaire
que l'on propose depuis quelques années, les
reproches que l'on fait à la méthode vulgaire,
et les déclamations peu mesurées que l'on se
permet contre ceux qui la suivent. À tout cela
je n'ai qu'un mot à répondre : *la métaphysique
ne convient point aux enfants.* Quels sont en ef-
fet les principes que nous offrent ces nouveaux
plans ? Les voici fidèlement transcrits. *Les
Noms sont des mots qui expriment déterminément les êtres, en les désignant par l'idée de leur
nature.* Gramm. gén. tom. 1, page 235. *Les
Adjectifs sont des mots qui expriment des êtres
indéterminés, en les déterminant par une idée
précise, mais accidentelle à la nature commune
déterminément énoncée par les noms appellatifs
auxquels on les joint. Les Pronoms sont des
mots qui présentent à l'esprit des êtres détermi-*

*nés par l'idée précise d'une relation personnélle
à l'acte de la parole. Les Verbes sont des mots
qui expriment des êtres indéterminés, en les désignant par l'idée précise de l'existence intellec-
tuelle avec relation à un attribut,* etc., etc. Les
autres nouvelles Grammaires, même celles que
l'on nomme *élémentaires* sont sur le même ton,
et les auteurs s'appuient de l'autorité de cel-
les-là.

De bonne foi, est-ce là le langage qu'il faut
parler aux enfants? Sont-ils en état de l'entendre? Nos règles (dit-on) n'éclairent pas l'esprit : je laisse au public à juger si celles que
l'on y substitue sont beaucoup plus lumineuses.
Si nos règles n'éclairent pas les enfants, du
moins elles les guident : à cet âge on est bien
plus capable d'être guidé que d'être éclairé
dans ces sortes de matières. On peut se pro-
poser deux choses dans l'étude d'une langue :
1° de connaître l'usage, ce qui se réduit à ce
fait : *Voilà comme on s'exprimait chez tel peuple;* 2° de connaître la raison de cet usage. La
première connaissance, celle du fait, suffit pour
entendre les auteurs, et elle est certainement
la seule qui convienne à la faible intelligence
des enfants. C'est cette connaissance du fait
que donnent nos livres élémentaires; toutes
les règles qu'ils contiennent se réduisent à indiquer sur chaque espèce de mots, sur chaque
tour de phrase, la manière dont les Latins s'ex-
primaient.

ÉLÉMENTS

GRAMMAIRE LATINE.

PREMIÈRE PARTIE.

Il y a en latin neuf sortes de mots qu'on appelle *les parties du discours*, savoir : le *Nom*, l'*Adjectif*, le *Pronom*, le *Verbe*, le *Participe*, l'*Adverbe*, la *Préposition*, la *Conjonction* et l'*Interjection*.

PREMIÈRE ESPÈCE DE MOTS.

LE NOM.

Le *Nom* est un mot qui sert à nommer une personne ou une chose, comme *Pierre*, *Paul*, *livre*, *chapeau*, etc.

Il y a dans les noms deux nombres : le *singulier* quand on parle d'une seule personne ou d'une seule chose, ainsi *un homme, une rose,* sont au nombre singulier; le *pluriel* quand on parle de plusieurs personnes ou de plusieurs choses, ainsi *les hommes, les roses,* sont au nombre *pluriel*.

Il y a en français deux genres, le *masculin* et le *féminin*. Les noms d'homme ou de mâle sont du genre masculin, comme le *père, pater;* le *lion, leo.* Les noms de femme ou de femelle sont du genre

1

féminin, comme la *mère*, *mater*; la *lionne*, *lœna*. Ensuite par imitation l'on a donné le genre masculin ou le genre féminin à des choses qui ne sont ni mâles ni femelles; ainsi on a fait le *jardin*, *hortus*, du masculin; la *rose*, *rosa*, du féminin.

En latin il y a un troisième genre qu'on appelle *neutre*. Les noms qui ne sont ni masculins ni féminins sont du genre neutre, comme *templum*, le *temple*; *corpus*, le *corps*, etc.

Le genre de chaque nom est marqué ainsi : *m.* pour le masculin, *f.* pour le féminin, *n.* pour le neutre.

Les *cas* d'un nom sont les différentes terminaisons de ce nom, soit au singulier, soit au pluriel. Il y a en latin six cas, savoir : le *Nominatif*, le *Génitif*, le *Datif*, l'*Accusatif*, le *Vocatif*, et l'*Ablatif*.

Quand on récite de suite les six cas d'un nom, cela s'appelle *décliner*. Il y a en latin cinq *déclinaisons* différentes que l'on distingue par la terminaison du *génitif singulier* et du *génitif pluriel*.

PREMIÈRE DÉCLINAISON.

La première déclinaison a le génitif singulier en *æ*, et le génitif pluriel en *arum*.

NOMBRE SINGULIER.

Nominatif,	f.	Ros a,	*la rose.*
Génitif,		Ros æ,	*de la rose.*
Datif,		Ros æ,	*à la rose.*
Accusatif,		Ros am,	*la rose.*
Vocatif,	ô	Ros a,	*ô rose.*
Ablatif,		Ros à,	*de la rose.*

NOMBRE PLURIEL.

Nominatif,	f.	Ros æ,	*les roses.*	(1)
Génitif,		Ros arum,	*des roses.*	
Datif,		Ros is,	*aux roses.*	
Accusatif,		Ros as,	*les roses.*	
Vocatif,	ô	Ros æ,	*ô roses.*	
Ablatif,		Ros is,	*des roses.*	

Ainsi se déclinent les noms qui ont le génitif singulier en *æ* et le génitif pluriel en *arum,* comme :

Statua, æ, *la statue.*	Mensa, æ, *la table.*
Hora, æ, *l'heure.*	Herba, æ, *l'herbe.*
Porta, æ, *la porte.*	Cauda, æ, *la queue.*
Pluma, æ, *la plume.*	Musca, æ, *la mouche.*

Noms irréguliers de la première déclinaison.

1° Il y a plusieurs noms de la première déclinaison qui ont le datif et l'ablatif pluriels terminés en *abus,* comme :

PLURIEL.

Nom.	f.	Famul æ,	*les servantes.*
Gén.		Famul arum,	*des servantes.*
Dat.		Famul abus,	*aux servantes.*
Acc.		Famul as,	*les servantes.*
Voc.	ô	Famul æ,	*ô servantes.*
Abl.		Famul abus,	*des servantes.*

Déclinez de même *anima,* l'âme; *equa,* la jument; *filia,* la fille ; *asina,* l'ânesse; *mula,* la mule; *nata,* la fille; *dea,* la déesse; *socia,* la compagne. Par cette terminaison en *abus* l'on distingue ces noms féminins des masculins qui y répondent : *famulus, animus, equus, filius, asinus, mulus, natus, Deus, socius.*

2° Il y a des noms de la première déclinaison dont le nominatif singulier est en *e,* qui font au génitif *es,* à l'accusatif *en,* comme :

---

(1) Remarquez bien que dans les noms français le pluriel se forme en ajoutant *s.*

SINGULIER.

Nominatif,	f.	Music e,	*la musique.*
Génitif,		Music es,	*de la musique.*
Datif,		Music æ,	*à la musique.*
Accusatif,		Music en,	*la musique.*
Vocatif,	ô	Music e,	*ô musique.*
Ablatif,	.	Music e,	*de la musique.*

Déclinez de même, *Grammatice, ces,* la grammaire; *Epitome, mes,* l'abrégé; *Cybele, les,* Cybèle, déesse des Païens; *Rhetorice, ces,* la rhétorique.

3° Il y a des noms dont le nominatif est en *es,* et qui font au génitif *æ,* à l'accusatif *en,* comme :

SINGULIER.

Nom.	*m.*	Comet es,	*la comète.*
Gén.		Comet æ,	*de la comète.*
Dat.		Comet æ,	*à la comète.*
Acc.		Comet en,	*la comète.*
Voc.	ô	Comet e,	*ô comète.*
Abl.		Comet e,	*de la comète.*

4° Il y a des noms dont le nominatif est en *as,* qui font à l'accusatif *an,* comme :

SINGULIER.

Nom.	*m.*	Ænc as,	*Enée* (nom d'homme).
Gén.		Ænc æ,	*d'Enée.*
Dat.		Ænc æ,	*à Enée.*
Acc.		Ænc an,	*Enée.*
Voc.	ô	Ænc a,	*ô Enée.*
Abl.		Ænc â,	*d'Enée.*

Le pluriel de tous ces noms se décline comme *rosæ, rosarum;* mais les noms propres n'ont point de pluriel.

REMARQUE. Le nom *familia* fait aussi au génitif *familiás :* un père de famille, *paterfamiliás;* un fils de famille, *filiusfamiliás.*

SECONDE DÉCLINAISON.

La seconde déclinaison a le génitif singulier en *i*, et le génitif pluriel en *orum*.

SINGULIER.

Nom.	m.	Domin us,	le seigneur.
Gén.		Domin i,	du seigneur.
Dat.		Domin o,	au seigneur.
Acc.		Domin um,	le seigneur.
Voc.	ô	Domin e,	ô seigneur.
Abl.		Domin o,	du seigneur.

PLURIEL.

Nom.		Domin i,	les seigneurs.
Gén.		Domin orum,	des seigneurs.
Dat.		Domin is,	aux seigneurs.
Acc.		Domin os,	les seigneurs.
Voc.	ô	Domin i,	ô seigneurs.
Abl.		Domin is,	des seigneurs.

Ainsi se déclinent tous les noms dont le génitif singulier est en *i*, et le génitif pluriel en *orum*, comme :

Hortus, i, *le jardin.*
Lupus, i, *le loup.*
Populus, i, *le peuple.*
Cervus, i, *le cerf.*

Corvus, i, *le corbeau.*
Avus, i, *le grand-père.*
Asinus, i, *l'âne.*
Capillus, i, *le cheveu.*

Noms de la seconde déclinaison qui ont le nominatif singulier en r : *dans ces noms le vocatif est semblable au nominatif.*

SINGULIER.

Nom.	m.	Puer,	l'enfant.
Gén.		Puer i,	de l'enfant.
Dat.		Puer o,	d l'enfant.
Acc.		Puer um,	l'enfant.
Voc.	ô	Puer,	ô enfant.
Abl.		Puer o,	de l'enfant.

PLURIEL.

Nom.	Puer i,	les enfans.
Gén.	Puer orum,	des enfans.
Dat.	Puer is,	aux enfans.
Acc.	Puer os,	les enfans.
Voc.	ô Puer i,	ô enfans.
Abl.	Puer is,	des enfans.

Ainsi se déclinent :

Magister, tri, *le maître.*	Liber, bri, *le livre.*
Aper, pri, *le sanglier.*	Vir, viri, *l'homme.*

Noms neutres de la seconde déclinaison.

SINGULIER.

Nom.	n.	Templ um,	le temple.
Gén.		Templ i,	du temple.
Dat.		Templ o,	au temple.
Acc.		Templ um,	le temple.
Voc.	ô	Templ um,	ô temple.
Abl.		Templ o,	du temple.

PLURIEL.

Nom.	Templ a,	les temples.
Gén.	Templ orum,	des temples.
Dat.	Templ is,	aux temples.
Acc.	Templ a,	les temples.
Voc.	ô Templ a,	ô temples.
Abl.	Templ is,	des temples.

Ainsi se déclinent les noms neutres dont le génitif singulier est en *i* et le génitif pluriel en *orum,* comme :

Brachium, i, *le bras.*	Vinum, i, *le vin.*
Folium, i, *la feuille,*	Collum, i, *le cou.*
Bellum, i, *la guerre.*	Exemplum, i, *l'exemple.*
Vitium, i, *le vice.*	Studium, i, *l'étude.*

Noms irréguliers de la seconde déclinaison.

Il y a des noms de la seconde déclinaison qui ont le vocatif en *i,* comme :

SINGULIER.

Nom.	m.	Fili us,	le fils.
Gén.		Fili i,	du fils.
Dat.		Fili o,	au fils.
Acc.		Fili um,	le fils.
Voc.	ô	Fili,	ô fils.
Abl.		Fili o,	du fils.

Le pluriel, comme *Domini*, *Dominorum*.

Déclinez de même *Genius*, et les noms propres en *ius*, Antonius, nii, *Antoine*; Horatius, tii, *Horace*; Pompeius, peii, *Pompée*; Virgilius, lii, *Virgile*.

Les noms *Deus*, *Agnus*, et *Chorus* ont le vocatif semblable au nominatif.

SINGULIER.

Nom.	m.	De us,	Dieu.
Gén.		De i,	de Dieu.
Dat.		De o,	à Dieu.
Acc.		De um,	Dieu.
Voc	ô	De us,	ô Dieu.
Abl.		De o,	de Dieu.

LE PLURIEL (*chez les paiens*).

Nom		Di i,	les dieux.
Gén.		De orum,	des dieux.
Dat.		Di is,	aux dieux.
Acc.		De os,	les dieux.
Voc.	ô	Di i,	ô dieux.
Abl.		Di is,	des dieux

Noms de la seconde déclinaison tirés du grec.

SINGULIER.

Nom.	m.	Orphe us,	*Orphée*	(nom d'homme.)
Gén.		Orphe i, *ou* Orphe os,		*d'Orphée.*
Dat.		Orphe o,		*à Orphée.*
Acc.		Orphe um, Orphe on, Orphe a,		*Orphée.*
Voc.	ô	Orphe u,		*ô Orphée.*
Abl.		Orphe o,		*d'Orphée.*

Déclinez de même *Perseus*, Persée; *Theseus;* Thesée, *Morpheus.* Morphée.

TROISIÈME DÉCLINAISON.

La troisième déclinaison a le génitif singulier en *is*, et le génitif pluriel en *um*.

SINGULIER.

Nom.	m.	Homo,	*l'homme.*
Gén.		Homin is,	*de l'homme.*
Dat.		Homin i,	*à l'homme.*
Acc.		Homin em,	*l'homme.*
Voc.	ô	Homo,	*ô homme.*
Abl.		Homin e,	*de l'homme.*

PLURIEL.

Nom.		Homin es,	*les hommes.*
Gén.		Homin um,	*des hommes.*
Dat.		Homin ibus,	*aux hommes.*
Acc.		Homin es,	*les hommes.*
Voc.	ô	Homin es,	*ô hommes.*
Abl.		Homin ibus,	*des hommes.*

Ainsi se déclinent tous les noms masculins et féminins dont le génitif singulier est en *is* et le génitif pluriel en *um*, comme :

Labor, boris, *le travail.*
Pater, tris, *le père.*
Virgo, ginis, *la vierge.*
Soror, ris, *la sœur.*

Dolor, loris, *la douleur,*
Mater, tris, *la mère.*
Sermo, monis, *le discours.*
Miles, litis, *le soldat.*

Noms neutres de la troisième déclinaison.

SINGULIER.

Nom.	n.	Corpus,	*le corps.*
Gén.		Corpor is,	*du corps.*
Dat.		Corpor i,	*au corps.*
Acc.		Corpus,	*le corps.*
Voc.	ô	Corpus,	*ô corps.*
Abl.		Corpor e,	*du corps.*

PLURIEL.

Nom.	Corpor a,	*les corps.*
Gén.	Corpor um,	*des corps.*
Dat.	Corpor ibus,	*aux corps.*
Acc.	Corpor a,	*les corps.*
Voc.	ô Corpor a,	*ô corps.*
Abl.	Corpor ibus,	*des corps.*

Ainsi se déclineut les noms neutres suivans :

Tempus, poris, *le temps.*
Caput, pitis, *la tête.*
Lumen, minis, *la lumière.*
Nemus, moris, *le bois.*

Olus, leris *le légume.*
Pecus, coris, *le troupeau.*
Pectus, toris, *la poitrine.*
Vulnus, neris, *la blessure.*

Noms irréguliers de la troisième déclinaison.

SINGULIER.

Nom.	f. Av is,	*l'oiseau.*
Gén.	Av is,	*de l'oiseau.*
Dat.	Av i,	*à l'oiseau.*
Acc.	Av em,	*l'oiseau.*
Voc.	ô Av is,	*ô oiseau.*
Abl.	Av e,	*de l'oiseau.*

PLURIEL.

Nom.	Av es,	*les oiseaux.*
Gén.	Av ium,	*des oiseaux.*
Dat.	Av ibus,	*aux oiseaux.*
Acc.	Av es,	*les oiseaux.*
Voc.	ô Av es,	*ô oiseaux.*
Abl.	Av ibus,	*des oiseaux.*

Déclinez de même :

Nox, noctis, *la nuit.*
Collis, lis, *colline.*
Mons, tis, *montagne,*

Mensis, mensis, *le mois.*
Cædes, dis. *carnage.*
Fons, tis, *fontaine.*

Il y a des noms de la troisième déclinaison qui ont l'accusatif singulier en *im*, comme :

SINGULIER.

Nom.	f. Secur is,	*la hache.*
Gén.	Secur is,	*de la hache.*
Dat.	Secur i,	*à la hache.*
Acc.	Secur im,	*la hache.*
Voc.	ô Secur is,	*ô hache.*
Abl.	ˉ Secur i,	*de la hache.*

Déclinez de même, *sitis*, la soif; *tussis*, la toux; *pelvis*, le bassin; *poesis* la poésie; *vis*, la force : les noms de fleuves en *is*, comme *Tiberis*, le Tibre; *Tigris*, le Tigre; *Araris*, la Saône.

Les noms *clavis*, la clef; *sementis*, la semaille; ont l'accusatif en *em* ou en *im*. *Puppis*, la poupe; *restis*, la corde; *febris*, la fièvre; *turris*, la tour; font plutôt à l'accusatif *puppim* que *puppem*, etc. Au contraire, *navis*, le navire; *strigilis*, l'étrille; font plutôt *navem* que *navim*, etc.

L'ablatif singulier de la troisième déclinaison se forme de l'accusatif en retranchant *m*. Ainsi il y a des noms de la troisième déclinaison qui font l'ablatif singulier en *i*, comme *securi*, *siti*, etc.

De plus les noms neutres dont le nominatif est terminé en *e*, en *al*, ou en *ar*, ont l'ablatif singulier en *i*, comme :

SINGULIER.

Nom.	n. Cubil e,	*le lit.*
Gén.	Cubil is,	*du lit.*
Dat.	Cubil i,	*au lit.*
Acc.	Cubil e,	*le lit.*
Voc.	ô Cubil e,	*ô lit.*
Abl.	Cubil i,	*du lit.*

Les noms neutres qui ont l'ablatif en *i*, ont le pluriel en *ia*, comme :

PLURIEL.

Nom.	Cubil ia,	*les lits.*
Gén.	Cubil ium,	*des lits.*

Dat.	Cubil ibus.	*aux lits.*
Acc.	Cubil ia,	*les lits,*
Voc.	ô Cubil ia,	*ô lits.*
Abl.	Cubil ibus,	*des lits.*

Déclinez de même, *Animal*, l'animal ; *mentila*, la serviette ; *calcar*, l'éperon.

Il y a des noms de la troisième déclinaison qui ont le génitif pluriel en *ium*, savoir :

1° Les noms qui ont l'ablatif singulier en *i*, comme *cubilium*, *securium*, etc.

2° Les noms en *es* et en *is* qui n'ont pas plus de syllabes au génitif qu'au nominatif, comme *clades*, *cladis* ; *mensis*, *mensis* ; etc. , ont le génitif pluriel en *ium*, quoiqu'ils aient l'ablatif en *e*.

3° Les monosyllabes, c'est-à-dire ceux qui n'ont qu'une seule syllabe au nominatif, comme *ars*, *l'art* ; *nox*, *la nuit* ; etc. , ont la plupart le génitif pluriel en *ium* ; l'usage apprendra les exceptions.

Le nom *bos*, *bovis*, bœuf, fait au pluriel : nom. *boves*, gen. *boûm*, dat. *bobus*, acc. *boves*, voc. ô *boves*, abl. *bobus*.

Les noms neutres terminés en *ma*, ont un double datif et ablatif pluriels.

SINGULIER.

Nom.	*n.* Poem a,	*le poème.*
Gén.	Poem atis,	*du poème.*
Dat.	Poem ati,	*au poème.*
Acc.	Poem a,	*le poème.*
Voc.	ô Poem a,	*ô poème.*
Abl.	Poem ate,	*du poème.*

PLURIEL.

Nom.	Poem ata,	*les poèmes.*
Gén.	Poem atum,	*des poèmes.*
Dat.	Poem atis *ou* Poem atibus,	*aux poèmes.*

Acc.	Poem ata,	*les poèmes.*
Voc.	ô Poem ata,	*ô poèmes.*
Abl.	Poem atis, *ou* Poem atibus, *des poè-*	
		mes.

Déclinez ainsi *ænigma, matis,* énigme; *diadema, matis,* diadême; *dogma, matis,* dogme; *stratagema, matis,* stratagême.

Noms de la troisième déclinaison tirés du grec , en esis, isis.

SINGULIER.

Nom.	f. Hæres is,	*l'hérésie.*
Gén.	Hæres is *ou* Hæres eos,	*de l'héré-*
Dat.	Hæres i,	*à l'hérésie.* [*sie.*
Acc.	Hæres im *ou* Hæres in,	*l'hérèsie.*
Voc.	ô Hæres is,	*ô hérésie.*
Abl.	Hæres i,	*de l'hérésie.*

PLURIEL.

Nom.	Hæres es,	*les hérésies.*
Gén.	Hæres eon,	*des hérésies.*
Dat.	Hæres ibus,	*aux hérésies.*
Acc.	Hæres es,	*les hérésies.*
Voc.	ô Hæres es.	*ô hérésies.*
Abl.	Hæres ibus,	*des hérésies.*

Ainsi se déclinent *poesis,* la poésie; *thesis,* la thèse; *genesis,* la genèse; *phrasis,* la phrase.

AUTRE NOM.

SINGULIER.

Nom.	m. Hero s,	*le héros.*
Gén.	Hero is	*du héros.*
Dat.	Hero i,	*au héros.*
Acc.	Hero em *ou* Hero a,	*le héros.*
Voc.	ô Hero s,	*ô héros.*
Abl.	Hero e,	*du héros.*

PLURIEL.

Nom.	Hero es,	les héros.
Gén.	Hero um,	des héros.
Dat.	Hero ibus,	aux héros.
Acc.	Hero es ou Hero as,	les héros.
Voc.	ô Hero es,	ô héros.
Abl.	Hero ibus,	des héros.

Ainsi se déclinent les noms grecs; 1° en *as* comme *Pallas, Palladis,* acc. *adem* ou *ada; Arcas, Arcadis,* acc. *adem* ou *ada.*

2° En *er, aer, aeris,* l'air, acc. *aerem* ou *aera : œther, œtheris,* acc. *œtherem* ou *œthera; crater, crateris,* coupe.

3° En *is, idis,* comme *iris, iridis,* arc-en-ciel, acc. *iridem* ou *irida;* on dit aussi *irim : Phyllis, lidis,* nom de femme, acc. *Phyllidem* ou *ida;* mais les noms masculins en *is, idis,* font mieux *im* ou *in,* comme *Daphnis,* acc. *Daphnim* ou *Daphnin; Paris,* acc. *Parim* ou *Parin.*

Tigris, Tigridis, le Tigre, fait seulement à l'accusatif *Tigrin, Tigrim* ou *Tigridem.*

4° En *ix, igis, Phryx, Phrygis,* Phrygien, acc. *Phrygem,* ou *Phryga.*

5° Les noms de pays en *o, onis,* comme *Macedo, Macedonis,* Macédonien, acc. *Macedonem* ou *Macedona.*

Remarque. Les accusatifs singuliers en *a* ne s'emploient guère qu'en poésie; mais les accusatifs pluriels en *as* sont plus usités partout.

QUATRIÈME DÉCLINAISON.

La quatrième déclinaison a le génitif singulier en *ûs,* et le génitif pluriel en *uum.*

SINGULIER.

Nom.	f. Man us,	la main.
Gén.	Man ûs,	de la main.
Dat.	Man ui,	à la main.
Acc.	Man um,	la main.

Voc.	ô Man us,	*ô main*
Abl.	Man u,	*de la main.*

PLURIEL.

Nom.	Man us,	*les mains.*
Gén.	Man uum,	*des mains.*
Dat.	Man ibus,	*aux mains.*
Acc.	Man us,	*les mains.*
Voc.	ô Man us,	*ô mains.*
Abl.	Man ibus,	*des mains.*

Ainsi se déclinent :

Fructus, ûs, *le fruit.*	Vultus, ûs. *le visage.*
Exercitus, ûs, *l'armée.*	Currus, ûs, *le char.*

Noms neutres de la quatrième déclinaison.

REMARQUE. Les noms neutres de la quatrième déclinaison sont indéclinables au singulier, c'est-à-dire
qu'ils ne changent point leur dernière syllabe ; mais
ils se déclinent au pluriel.

SINGULIER.

Aux six cas,	n. Cornu,	*corne.*

PLURIEL.

Nom.	Corn ua,	*les cornes.*
Gén.	Corn uum,	*des cornes.*
Dat.	Corn ibus,	*aux cornes.*
Acc.	Corn ua,	*les cornes.*
Voc.	ô Corn ua,	*ô cornes.*
Abl.	Corn ibus,	*des cornes.*

Ainsi se déclinent :

Genu, *le genou.*	Tonitru, *le tonnerre.*

Noms irréguliers de la quatrième déclinaison.

Jesus, nom de notre Sauveur, fait à l'accusatif *Je-
sum,* et à tous les autres cas il fait *Jesu.*

Les neuf noms suivans font *ubus*, au datif et à l'ablatif pluriels :

Arcus,	un arc,	*arcubus.*
Artus,	les membres du corps,	*artubus.*
Locus,	un lac,	*lacubus.*
Tribus,	une tribu,	*tribubus.*
Portus,	un port,	*portubus.*
Quercus,	un chêne,	*quercubus.*
Specus,	une caverne,	*specubus.*
Partus,	l'enfantement,	*partubus.*
Veru,	une broche,	*verubus.*

Autre nom irrégulier.

SINGULIER.

Nom.	*f.* Dom us,	*la maison.*
Gen.	Dom ûs *et* Dom i,	*de la maison.*
Dat.	Dom ui *et* Dom o,	*à la maison.*
Acc.	Dom um,	*la maison*
Voc.	ô Dom us,	*ô maison.*
Abl.	Dom o,	*de la maison.*

PLURIEL.

Nom.	Dom us,	*les maisons.*
Gén.	Dom orum *et* Dom uum,	*des maisons.*
Dat.	Dom ibus,	*aux maisons.*
Acc.	Dom os *et* Dom us,	*les maisons.*
Voc.	ô Dom us,	*ô maisons.*
Abl.	Dom ibus,	*des maisons.*

CINQUIÈME DÉCLINAISON.

La cinquième déclinaison a le nominatif en *es*, le génitif singulier en *ei*, et le génitif pluriel en *erum.*

SINGULIER.

Nom.	*m. f.* Di es,	*le jour.*
Gén.	Di ei,	*du jour.*

Dat.	Di ei,	*au jour.*
Acc.	Di em,	*le jour.*
Voc.	ô Di es,	*ô jour.*
Abl.	Di e,	*du jour.*

PLURIEL.

Nom.	Di es.	*les jours.*
Gén.	Di erum,	*des jours.*
Dat.	Di ebus,	*aux jours.*
Acc.	Di es,	*les jours.*
Voc.	ô Di es,	*ô jours.*
Abl.	Di ebus,	*des jours.*

Ainsi se déclinent :

Res, rei, *la chose.* | Facies, ei, *le visage.*
Species, ei, *l'apparence.* | Spes, ei, *l'espérance.*

REMARQUE. Les génitifs, datifs et ablatifs pluriels ne sont usités que dans *res, dies* et *species.*

TABLEAU DES CINQ DÉCLINAISONS.

SINGULIER.

	1.	2.	3.	4	5.
N.	Ros a,	domin us,	homo,	man us,	di es.
G.	Ros æ,	domin i,	hom inis,	man ûs,	di ei.
D.	Ros æ,	domin o,	hom ini,	man ui,	di ei.
A.	Ros am,	domin um,	hom inem,	man um,	di em.
V. ô	Ros a,	domin e,	homo,	man us,	di es.
A.	Ros â,	domin o,	hom ine,	man u,	di e.

PLURIEL.

N.	Ros æ,	domin i,	homin es,	man us,	di es.
G.	Ros arum,	domin orum,	homin um,	man uum,	di erum.
D.	Ros is,	domin is,	homin ibus,	man ibus,	di ebus.
A.	Ros as,	domin os,	homin es,	man us,	di es.
V. ô.	Ros æ,	domin i,	homin es,	man us,	di es.
A.	Ros is,	domin is,	homin ibus,	man ibus,	di ebus.

REMARQUE. Dans toutes les déclinaisons les datif et ablatif pluriels sont semblables, de même que les nominatif et vocatif pluriels.

Dans les noms neutres, le nominatif, l'accusatif et le vocatif, tant du singulier que du pluriel, sont toujours semblables, et ces trois cas au pluriel sont toujours terminés en *a*.

Remarque sur les noms composés.

Si le nom est composé de deux nominatifs, chaque nom se décline dans tous les cas.

EXEMPLE.

Respublica, *la république*, *g.* reipublicæ, *d.* reipublicæ, *acc.* rempublicam, *abl.* republicâ. *De même* jusjurandum, *le serment*, jurisjurandi, jurijurando.

Mais si le nom est composé d'un nominatif et d'un autre cas, on ne décline que celui qui est au nominatif.

EXEMPLE.

Paterfamiliâs, *g.* patrisfamiliâs, *d.* patrifamiliâs.

RÈGLE DES NOMS,

ou manière de joindre deux noms ensemble.

Manus *pueri*.

Pour joindre ensemble deux noms, en français, nous mettons le mot *de* entre les deux : La main *de* l'enfant. En latin on met le second au génitif : Manus *pueri*.

EXEMPLES.

L'heure du jour, *hora diei.*
Le fruit de l'arbre, *fructus arboris.*

De même au pluriel.

La table des seigneurs, *mensa dominorum.*
Le livre des enfans, *liber puerorum.*

———

SECONDE ESPÈCE DE MOTS.

L'ADJECTIF.

L'adjectif est un mot que l'on ajoute au nom pour marquer la qualité d'une personne ou d'une chose, comme *bon* père, *bonne* mère, *beau* livre, *belle* image. Ces mots *bon*, *bonne*, *beau*, *belle*, sont des adjectifs joints aux mots *père*, *mère*, etc.

On connaît qu'un mot est adjectif quand on peut y joindre le mot *personne* ou *chose*. Ainsi *habile*, *agréable* sont des adjectifs, parce qu'on peut dire : *personne habile*, *chose agréable*.

Les adjectifs se déclinent en latin, et ils ont les trois genres, masculin, féminin et neutre.

Il y a des adjectifs qui se rapportent à la première et à la seconde déclinaison, comme *bonus, bona, bonum; niger, nigra, nigrum* : la terminaison en *us* ou en *er* est pour le masculin, et se décline sur *dominus* ou *puer; bona* est pour le féminin et se décline sur *rosa; bonum* est pour le neutre et se décline sur *templum*.

MODÈLE DE DÉCLINAISON.

Adjectifs en us.

SINGULIER.

	m.	f.	n.
Nom.	Bonus,	bona,	bonum .
	Bon,	*bonne,*	*bon.*
Gén.	Boni,	bonæ,	boni.
Dat.	Bono,	bonæ,	bono.
Acc.	Bonum,	bonam,	bonum.
Voc.	ô Bone	ô bona,	ô bonum.
Abl.	Bono,	bonâ,	bono.

PLURIEL.

Nom.	Boni,	bonæ,	bona.
	Bons,	*bonnes.*	*bons.*
Gén.	Bonorum,	bonarum.	bonorum.
Dat.	Bonis,	bonis,	bonis.
Acc.	Bonos,	bonas,	bona
Voc.	ô Boni,	ô bonæ,	ô bona.
Abl.	Bonis.	bonis.	bonis.

Ainsi se déclinent :

Sanctus, sancta, sanctum, *Saint, sainte, saint.*
Doctus, docta, doctum, *Savant, savante, savant.*
Magnus, magna, magnum, *Grand, grande, grand.*
Parvus, parva, parvum, *Petit, petite, petit.*

Adjectifs en er.

SINGULIER.

Nom.	*m.*	Niger,	*f.*	nigra,	*n.*	nigrum.
		Noir,		*noire* (1),		*noir.*
Gén.		Nigri,		nigræ,		nigri.
Dat.		Nigro,		nigræ,		nigro.
Acc.		Nigrum,		nigram,		nigrum.
Voc.		ô Niger,	ô	nigra,	ô	nigrum.
Abl.		Nigro,		nigrâ,		nigro.

PLURIEL.

Nom.	Nigri,	nigræ,	nigra.
	Noirs,	*noires,*	*noirs.*
Gén.	Nigrorum,	nigrarum,	nigrorum.
Dat.	Nigris,	nigris,	nigris.
Acc.	Nigros,	nigras,	nigra.
Voc.	ô Nigri,	ô nigræ,	ô nigra.
Abl.	Nigris,	nigris,	nigris.

Ainsi se déclinent :

Pulcher, pulchra, pulchrum, *Beau, belle, beau.*

---

(1) Remarquez bien que dans les adjectifs français le féminin se forme ordinairement en ajoutant *e* au masculin.

Piger, pigra, pigrum, *Paresseux, paresseuse, paresseux.*
Miser, misera, miserum, *Malheureux, malheureuse, malheureux.*
Liber, libera, liberum, *Libre, libre, libre.*

Adjectifs de la troisième déclinaison.

Il y a des adjectifs de la troisième déclinaison qui n'ont qu'une seule terminaison pour les trois genres, excepté l'accusatif.

SINGULIER

m. f. n.

Nom.	Prudens, *prudent, prudente.*
Gén.	Prudentis, } *pour les trois genres.*
Dat.	Prudenti, }

m. f. n.

Acc.	Prudentem, prudens.
Voc.	ô Prudens, *pour les trois genres.*
Abl.	Prudente *ou* prudenti, *pour les trois genres.*

PLURIEL.

m. f. n.

Nom.	Prudentes, prudentia, *prudens.*
Gén.	Prudentium, } *pour les trois genres.*
Dat.	Prudentibus, }
Acc.	Prudentes, n. prudentia.
Voc.	ô Prudentes, n. ô prudentia.
Abl.	Prudentibus, *pour les trois genres.*

Ainsi se déclinent :

Sapiens, entis, *sage.*
Audax, acis, *hardi, hardie.*
Felix, icis, *heureux, heureuse.*
Velox, ocis, *prompt, prompte.*

Il y a des adjectifs de la troisième déclinaison qui ont au nominatif deux terminaisons, comme : *fortis, forte.* La première est pour le masculin et le féminin, et la seconde pour le neutre.

SINGULIER.

m. f. n.

Nom.	Fortis, forte, *courageux, courageuse.*

Gén.   Fortis, ⎫
Dat.   Forti,   ⎬ *pour les trois genres.*

Acc.   Fortem, *n.* forte.
Voc.   ô Fortis, *n* ô forte.
Abl.   Forti, *pour les trois genres.*

PLURIEL.

         m. f.   *n.*
Nom.   Fortes, fortia, *courageux, courageuses.*
Gén.   Fortium, ⎫
Dat.   Fortibus, ⎬ *pour les trois genres.*
Acc.   Fortes, *n.* fortia.
Voc.   ô Fortes, *n.* ô fortia.
Abl.   Fortibus, *pour les trois genres.*

Ainsi se déclinent :

Utilis, utile, *utile.*	Facilis, facile, *facile.*
Comis, come, *poli.*	Levis, leve, *léger.*

REMARQUE. 1° Les adjectifs de la troisième déclinaison qui ont le nominatif neutre en *e*, ont l'ablatif en *i*, afin que l'on puisse distinguer ces deux cas.

2° Il y a quelques adjectifs dans la troisième déclinaison qui ont trois terminaisons au nominatif et au vocatif singulier, comme :

SINGULIER.

         m.   *f.*   *n.*
Nom.   Celeber, celebris, celebre, *célèbre.*
Gén.   Celebris, ⎫
Dat.   Celebri,   ⎬ *pour les trois genres.*
Acc.   Celebrem, *n.* celebre.
Voc.   ô Celeber, ô celebris, *n.* ô celebre.
Abl.   Celebri, *pour les trois genres.*

PLURIEL.

         m. f.   *n.*
Nom.   Celebres, celebria, *célèbres.*
Gén.   Celebrium, ⎫
Dat.   Celebribus, ⎬ *de tout genre.*

	m. f.	n.
Acc.	Celebres,	celebria.
Voc.	ô Celebres,	*n.* ô celebria.
Abl.	Celebribus,	*pour les trois genres.*

Ainsi se déclinent :

Saluber, salubris, salubre, *salutaire.*
Acer, acris, acre, *vif.*
Celer, celeris, celere, *prompt.*
Alacer, alacris, alacre, *actif.*

La terminaison en *er* est pour le masculin seulement, la terminaison en *is* est pour le masculin et le féminin.

RÈGLE DES ADJECTIFS,

Ou manière de joindre un adjectif avec un nom. —
Pater bonus.

Tout adjectif se met au même genre, au même nombre et au même cas que le nom auquel il est joint.

Exemples :

SINGULIER.

Le père	bon,	la mère	bonne,	l'exemple	bon.
Pater	bonus,	mater	bona,	exemplum	bonum.
Patris	boni,	matris	bonæ,	exempli	boni.
Patri	bono,	matri	bonæ,	exemplo	bono.
Patrem	bonum,	matrem	bonam,	exemplum	bonum.
ô Pater	bone,	ô mater	bona,	ô exemplum	bonum.
Patre	bono,	matre	bonâ,	exemplo	bono.

PLURIEL.

les pères	bons,	les mères	bonnes,	les exemples	bons.
Patres	boni,	matres	bonæ,	exempla	bona.
Patrum	bonorum,	matrum	bonarum,	exemplorum	bonorum.
Patribus	bonis,	matribus	bonis,	exemplis	bonis.
Patres	bonos,	matres	bonas,	exempla	bona.
ô Patres	boni,	ô matres	bonæ,	ô exempla	bona.
Patribus	bonis,	matribus	bonis,	exemplis	bonis.

Autre exemple :

SINGULIER.

Travail	court,	heure	courte,	temps	court.
Labor	brevis,	hora	brevis,	tempus	breve.
Laboris	brevis,	horæ	brevis,	temporis	brevis.
Labori	brevi,	horæ	brevi,	tempori	brevi.
Laborem	brevem,	horam	brevem,	tempus	breve.
ô Labor	brevis, ô	hora	brevis, ô	tempus	breve.
Labore	brevi,	horâ	brevi,	tempore	brevi.

PLURIEL.

Travaux	courts,	heures	courtes,	temps	courts.
Labores	breves,	horæ	breves,	tempora	brevia.
Laborum	brevium,	horarum	brevium,	temporum	brevium.
Laboribus	brevibus,	horis	brevibus,	temporibus	brevibus.
Labores	breves,	horas	breves,	tempora	brevia.
ô Labores	breves, ô	horæ	breves, ô	tempora	brevia.
Laboribus	brevibus,	horis	brevibus,	temporibus	brevibus.

DEGRÉS DE SIGNIFICATION DANS LES ADJECTIFS.

On distingue dans les adjectifs trois degrés de signification, le *positif*, le *comparatif*, et le *superlatif*.

I.

Le *positif* n'est autre chose que l'adjectif simple, comme saint, sainte, *sanctus, sancta*.

II.

Le *comparatif* c'est l'adjectif avec comparaison. Il y a trois sortes de comparatifs, celui d'égalité, celui d'infériorité, et celui de superiorité : ils sont marqués, le premier par *aussi*, le second par *moins*, le troisième par *plus*.

1° Le comparatif d'égalité *aussi* joint à un adjectif se rend en latin par *tam* avec le positif : aussi saint, *tam sanctus*.

2° Le comparatif d'infériorité *moins* joint à un adjectif se rend par *minùs* avec le positif : moins saint, *minùs sanctus*.

3° Le comparatif de supériorité *plus* joint à un adjectif se rend ordinairement par un seul mot latin : *plus*. Mais si l'adjectif latin n'a pas de comparatif, *plus* se rend par *magis* avec le positif : plus pieux, *magis pius*.

Le comparatif latin d'un seul mot se forme du cas de l'adjectif terminé en *i*, auquel on ajoute *or* pour le masculin et le féminin, et *us* pour le neutre. Ainsi du génitif *sancti* on formera *sanctior*, masculin et féminin, et *sanctius*, neutre : ainsi du datif *forti* on formera *fortior*, masculin et féminin, et *fortius*, neutre ; *sanctior* se décline sur *homo*, et *sanctius* sur *corpus*.

III.

Le *superlatif* c'est l'adjectif exprimant la qualité dans un *très-haut* degré, ou dans *le plus haut* degré.

On connaît le superlatif, quand devant un adjectif ou un adverbe il y a *le plus, la plus, bien, très, fort*, etc. C'est encore un superlatif, quand devant *plus*, il y a *mon, ton, son, notre, votre* : comme *mon plus* fidèle ami.

Le superlatif latin se forme du cas de l'adjectif terminé en *i* auquel on ajoute *ssimus, ssima, ssimum*. Ainsi du génitif *sancti* on formera *sanctissimus, a, um ;* et du datif *forti* on formera *fortissimus, a, um*.

Les superlatifs sont de la première déclinaison pour le féminin, et de la seconde pour le masculin et le neutre. Ils se déclinent comme *bonus, bona, bonum*.

Observations.

1° Les adjectifs en *er* forment leur superlatif du nominatif masculin, en ajoutant *rimus : pulcher, pulcherrimus, rima, rimum*.

2° Quelques adjectifs en *lis*, comme *facilis, difficilis, humilis, similis, gracilis, imbecillis*, forment leur superlatif en *illimus*, comme *facilis, facillimus*.

Mais *utilis* fait *utilissimus*, régulièrement.

3° Les adjectifs en *dicus, ficus, volus*, comme *maledicus, mirificus, benevolus*, forment leur comparatif en changeant *us* en *entior*, et leur superlatif en changeant *us* en *entissimus*.

EXEMPLES.

Maledicus, comparatif *maledicentior*, superlatif *maledicentissimus* ; *benevolus*, comparatif *benevolentior*, superlatif *benevolentissimus*.

4° Les quatre adjectifs suivans forment leurs comparatifs et superlatifs très-irrégulièrement.

Bonus, bon;   *melior*,   meilleur;   *optimus*,   très-bon.
Malus, mauvais; *pejor*,   pire;   *pessimus*, très-mauvais.
Magnus, grand ;   *major*,   plus grand ; *maximus*, très-grand.
Parvus, petit;   *minor*,   plus petit; *minimus*, très-petit.

REMARQUE. Les adjectifs terminés en *ius, eus, uus* n'ont ni comparatif ni superlatif : alors on exprime *plus* par *magis* avec le positif, et *le plus* par *maximè*. *Pius*, pieux; *magis pius*, plus pieux; *maximè pius*, très-pieux.

RÈGLE DES COMPARATIFS.

Doctior Petro.

Le comparatif veut à l'ablatif le nom qui suit, en supprimant le *que :* Plus savant que Pierre, *doctior Petro*. On peut aussi exprimer le *que* par *quàm*, et mettre après le même cas que devant : Paul est plus savant que Pierre, *Paulus est doctior quàm Petrus*.

RÈGLE DES SUPERLATIFS.

Altissima arborum, ou *ex arboribus*, ou *inter arbores.*

Le superlatif veut le nom pluriel suivant au génitif, ou à l'ablatif avec *è* ou *ex*, ou bien à l'accusatif avec *inter*.

EXEMPLE.

Le plus haut des arbres, *altissima arborum*, ou *ex arboribus*, ou *inter arbores.*

REMARQUE. Les comparatifs et superlatifs sont de vrais adjectifs, et s'accordent en genre, en nombre et en cas avec le nom ou pronom exprimé ou sous-entendu auquel ils se rapportent.

DES ADJECTIFS NUMÉRAUX.

Les *adjectifs numéraux* sont ceux dont on se sert pour compter.

Il y en a de deux sortes, les *cardinaux* et les *ordinaux.*

Les *cardinaux* marquent le nombre des choses, comme *un, deux, trois, cent, deux cents, mille,* etc.

Les *ordinaux* marquent l'ordre ou le rang, comme *premier, second, troisième, vingtième,* etc.

Adjectifs cardinaux.

SINGULIER.

Nom.	Unus, una, unum, *un, une, un.*	
Gén.	Unius,	de tous genres.
Dat.	Uni,	
Acc.	Unum, unam, unum.	
Abl.	Uno, unâ, uno.	

REMARQUE. *Un* lorsqu'il ne peut pas se tourner par *un seul* n'est pas un nom de nombre ; il est article indéfini, et ne s'exprime pas en latin.

Ainsi se déclinent les adjectifs :

1º Ullus, ulla, ullum, *aucun, aucune,* sans négation ; *gén.* ullius ; *dat.* ulli, *acc.* ullum, ullam, ullum ; *abl.* ullo, ullâ, ullo.

2º Nullus, nulla, nullum, *aucun, aucune, pas un ; gén.* nullius. etc.

3º Solus, sola, solum, *seul, seule ; gén.* solius ; *dat.* soli ; *acc.* solum, solam, solum ; *abl.* solo, solâ, solo.

4º Totus, tota, totum, *tout, toute ; gén.* totius ; *dat.* toti, etc.

5° Alius, alia, aliud *autre ; gén.* alius ; *dat.* alii.

6° Alter, altera, alterum, *autre ; gén.* alterius ; *dat.* alteri.

7° Uter, utra, utrum, *lequel des deux ; gén.* utrius ; *dat.* utri.

8° Neuter, neutra, neutrum, *ni l'un ni l'autre ; gén.* neutrius ; *dat.* neutri.

9° Uterque, utraque, utrumque, *l'un et l'autre ; gén.* utriusque ; *dat.* utrique.

10° Alteruter, alterutra, alterutrum, *l'un ou l'autre, gén.* alterutrius ; *dat.* alterutri.

Le pluriel de ces adjectifs se décline comme celui de *bonus.*

PLURIEL.

	m.	*f.*	*n.*	
Nom.	Duo,	duæ,	duo,	*deux.*
Gén.	Duorum,	duarum,	duorum,	*de deux*
Dat.	Duobus,	duabus,	duobus,	*à deux.*
Acc.	Duos *ou* duo,	duas,	duo,	*deux,*
Abl.	Duobus,	duabus,	duobus,	*de deux.*

Ainsi se décline *ambo, ambæ, ambo,* les deux, tous les deux.

PLURIEL.

	m. f. n.	
Nom.	Tres, tres, tria,	*trois.*
Gén.	Trium,	} *de tous genres.*
Dat.	Tribus,	}
Acc.	Tres, tres, tria.	
Abl.	Tribus, *de tous genres.*	

Les autres adjectifs cardinaux jusqu'à cent, sont indéclinables ; *quatuor,* quatre ; *quinque,* cinq ; *sex,* six ; *septem,* sept ; *octo,* huit ; *novem,* neuf ; etc.

Au-dessous de cent, quand il y a deux mots pour exprimer un nombre, le moindre nombre se place le premier, et l'on met une conjonction entre les deux nombres. Ainsi l'on dit *unus et viginti,* vingt-un ; *duo et viginti,* vingt-deux ; *tres et viginti,* vingt-trois ; etc.

Adjectifs ordinaux.

Les adjectifs *ordinaux* sont *primus,* premier ; se-

cundus, second ; *tertius*, troisième, etc. ; *tertius de-cimus* ou *decimus et tertius*, treizième, etc. ; et ain-si des autres jusqu'à *cent*. Au-dessus de cent on gar-de toujours l'ordre naturel.

REMARQUE. *Le premier, le second*, quand on ne parle que de deux, ne s'expriment pas par *primus, secundus*, mais par *prior* et *posterior*, ou bien par *alter* répété.

TROISIÈME ESPÈCE DE MOTS.

LE PRONOM.

Le *Pronom* est un mot qui tient la place du nom.

Des Pronoms personnels.

Les pronoms *personnels* sont ceux qui désignent les personnes.

Il y a trois personnes : la première personne est celle qui parle ; la seconde personne est celle à qui l'on parle ; la troisième personne est celle de qui l'on parle.

Pronom de la première personne.

SINGULIER.

Nom.	Ego, *je* ou *moi.*
Gén.	Meî, *de moi.*
Dat.	Mihi, *à moi.*
Acc.	Me, *moi.*
	Il n'y a pas de vocatif.
Abl.	Me, *de moi.*

PLURIEL.

Nom.	Nos, *nous.*
Gén.	Nostrûm *ou* nostri, *de nous.*
Dat.	Nobis, *à nous.*
Acc.	Nos, *nous.*
Abl.	Nobis, *de nous.*

Pronom de la seconde personne.

SINGULIER.

Nom.	Tu, *tu* ou *toi.*
Gén.	Tuî, *de toi.*
Dat.	Tibi, *à toi.*
Acc.	Te, *toi.*
Voc.	ô Tu, *ô toi.*
Abl.	Te, *de toi.*

PLURIEL.

Nom.	Vos, *vous.*
Gén.	Vestrûm *ou* vestrî, *de vous.*
Dat.	Vobis, *à vous.*
Acc.	Vos, *vous.*
Voc.	ô Vos, *ô vous.*
Abl.	Vobis, *de vous.*

REMARQUE. *Vous* se rend en latin par *tu, tui,* etc., quand on parle à une seule personne.

Pronoms de la troisième personne.

SINGULIER ET PLURIEL.

Gén.	Suî, *de soi, de lui-même, d'eux-mêmes* ou *d'elles-mêmes.*
Dat.	Sibi, *à soi, à lui-même, à eux-mêmes,* ou *à elles-mêmes.*
Acc.	Se, *se, soi, lui-même, eux-mêmes,* ou *elles-mêmes.*
Abl.	Se, *de soi, d'eux-mêmes, d'elles-mêmes.*

REMARQUE. Ce pronom s'appelle *réfléchi*, parce qu'il marque le rapport d'une personne à elle-même.

Des pronoms démonstratifs.

Les *pronoms démonstratifs* servent à indiquer la personne ou la chose dont ils remplacent le nom.

I.

SINGULIER.

	m.	f.	n.			
Nom.	Hic,	hæc,	hoc,	*celui-ci,*	*celle-ci,*	*cela.*
Gén.	Hujus,					
Dat.	Huic,		} *de tous genres.*			
Acc.	Hunc,	hanc,	hoc.			
Abl.	Hoc,	hâc,	hoc.			

PLURIEL.

Nom.	Hi,	hæ,	hæc,	*ceux-ci,*	*celles-ci,*	*ces choses.*
Gén.	Horum,	harum,	horum.			
Dat.	His,	*de tous genres.*				
Acc.	Hos,	has,	hæc.			
Abl.	His,	*de tous genres.*				

II.

SINGULIER.

	m.	f.	n.			
Nom.	Ille,	illa,	illud,	*celui-là,*	*celle-là,*	*cela.*
Gén.	Illius,					
Dat.	Illi,		} *de tous genres.*			
Acc.	Illum,	illam,	illud.			
Abl.	Illo,	illâ,	illo.			

PLURIEL.

Nom.	Illi,	illæ,	illa,	*ceux-là,*	*celles-là,*	*ces choses.*
Gén.	Illorum,	illarum,	illorum.			
Dat.	Illis,	*de tous genres.*				
Acc.	Illos,	illas,	illa.			
Abl.	Illis,	*de tous genres.*				

Déclinez de même Iste, ista, istud.

III.

SINGULIER.

	m.	f.	n.		
Nom.	Is,	ea,	id,	*il elle,*	*ce.*
Gén.	Ejus,	*de lui, d'elle.*			

Dat. Ei, *à lui, à elle.*
Acc. Eum, eam, id, *le, la, le.*
Abl. Eo, eâ, eo, *de lui, d'elle.*

PLURIEL.

Nom. Ii *ou* ei, eæ, ea, *ils, elles, ces.*
Gén. Eorum, earum, eorum, *d'eux, d'elles.*
Dat. Iis *ou* eis, *à eux, à elles.*
Acc. Eos, eas, ea, *les, eux, elles.*
Abl. Iis *ou* eis, *d'eux, d'elles.*

IV.

Composé de is.

SINGULIER.

m.   f.   n.

Nom. Idem, eadem, idem, *le même, la même, le-même.*

Gén. Ejusdem, } *de tous genres.*
Dat. Eidem,

Acc. Eumdem, eamdem, idem.
Abl. Eodem, eâdem, eodem.

PLURIEL.

Nom. Iidem, eædem, eadem, *les mêmes.*
Gén. Eorumdem, earumdem, eorumdem.
Dat. Iisdem *ou* eisdem, *de tous genres.*
Acc. Eosdem, easdem, eadem.
Abl. Iisdem *ou* eisdem, *de tous genres.*

V.

SINGULIER.

m.   f.   n.

Nom. Ipse, ipsa, ipsum, *moi-même, toi-même, ou lui-même.*

Gén. Ipsius, } *de tous genres.*
Dat. Ipsi,

Acc. Ipsum, ipsam, ipsum.
Abl. Ipso, ipsâ, ipso.

PLURIEL.

Nom.	Ipsi, ipsæ, ipsa.
Gén.	Ipsorum, ipsarum, ipsorum.
Dat.	Ipsis, *de tous genres.*
Acc.	Ipsos, ipsas, ipsa.
Abl.	Ipsis, *de tous genres.*

Les pronoms *hic, is, ille, ipse, iste* s'accordent aussi en genre et en nombre avec le nom dont ils tiennent la place : ainsi en parlant de la tête, nous disons *elle*, parce que tête est du féminin; en latin il faut mettre *illud*, parce que *caput* est du neutre.

Des pronoms possessifs.

Les *pronoms possessifs* rappellent la personne ou la chose dont on parle, et indiquent à qui elle appartient.

I.

SINGULIER.

	m.	*f.*	*n.*
Nom.	Meus, mea, meum, *mon, ma, mon, le mien, la mienne, le mien.*
Gén.	Mei, meæ, mei.
Dat.	Meo, meæ, meo.
Acc.	Meum, meam, meum.
Voc.	ô Mi, ô mea, ô meum.
Abl.	Meo, meâ, meo.

PLURIEL.

Nom.	Mei, meæ, mea, *mes, les miens, les miennes, les miens.*
Gén.	Meorum, mearum, meorum.
Dat.	Meis, *de tous genres.*
Acc.	Meos, meas, mea.
Voc.	ô Mei, ô meæ, ô mea.
Abl.	Meis, *de tous genres.*

Ainsi se déclinent :

Tuus, a, um, *ton, ta, ton; le tien, la tienne, le tien,*
Suus, a, um, *son, sa, son ; le sien, la sienne, le sien.*
Et Cujus. a, um, *à qui ?* Mais ils n'ont point de vocatif.

II.

SINGULIER.

	m.	f.	n.
Nom.	Noster, nostra, nostrum, *notre.* ou *le nôtre, la nôtre, le nôtre.*		
Gén.	Nostri, nostræ, nostri.		
Dat.	Nostro, nostræ, nostro.		
Acc.	Nostrum, nostram, nostrum.		
Voc.	ô Noster, ô nostra, ô nostrum.		
Abl.	Nostro, nostrâ, nostro.		

PLURIEL.

Nom.	Nostri, nostræ, nostra, *nos, les nôtres.*
Gén.	Nostrorum, nostrarum, nostrorum.
Dat.	Nostris, *de tous genres.*
Acc.	Nostros, nostras, nostra.
Voc.	ô Nostri, ô nostræ, ô nostra.
Abl.	Nostris, *de tous genres.*

Ainsi se déclinent :

Vester, vestra, vestrum, *votre,* ou *le vôtre, la vôtre, le vôtre*
(sans vocatif).

REMARQUE. *Votre, vos* se rendent en latin par *tuus, tua, tuum,* quand on parle à une seule personne.

RÉGLE. **Tous ces mots, quand ils sont joints à un nom, sont de véritables adjectifs, et ils s'accordent avec ce nom en genre, en nombre et en cas.**

EXEMPLES.

Mon père, *pater meus;* ma mère, *mater mea;* mon bras, *brachium meum.*

2*

Des pronoms relatifs.

Les *pronoms relatifs* sont ainsi appelés, parce qu'ils ont rapport à un nom qui est devant, comme quand je dis : Dieu, *qui* a créé le monde; *qui* se rapporte à Dieu : le livre *que* je lis; *que* se rapporte à livre. Le mot auquel *qui* ou *que* se rapporte s'appelle *antécédent*. Dans le deux exemples ci-dessus, *Dieu* est l'*antécédent* du pronom relatif *qui; livre* est *l'antécédent* du pronom relatif *que.*

SINGULIER.

	m.	*f.*	*n.*	
Nom.	Qui,	quæ,	quod,	*qui, lequel, laquelle.*
Gén.	Cujus, (*de tous genres*) *dont, de qui, duquel, de laquelle.*			
Dat.	Cui (*de tous genres*), *à qui, auquel, à laquelle.*			
Acc.	Quem,	quam,	quod,	*que, lequel, laquelle.*
Abl.	Quo,	quâ,	quo,	*dont, de qui, duquel, de laquelle.*

PLURIEL.

Nom.	Qui, quæ, quæ, *qui, lesquels, lesquelles.*
Gén.	Quorum, quarum, quorum, *dont, de qui, desquels, desquelles.*
Dat.	Quibus *et* queis (*de tous genres*), *à qui, auxquels, auxquelles.*
Acc.	Quos, quas, quæ, *que, lesquels, lesquelles.*
Abl.	Quibus *et* queis (*de tous genres*), *dont, de qui, desquels, desquelles.*

RÈGLE DU QUI RELATIF.

On fait accorder en latin *qui, quæ, quod,* en genre et en nombre avec son antécédent.

EXEMPLES.

Le père qui, *pater qui;* la mère qui, *mater quæ;* le temple qui, *templum quod.*

Composés de Qui.

Dans les composés de *qui*, on décline seulement *qui;* les autres syllabes restent les mêmes.

I.

        m.   *f.*   *n.*

Nom. Quicumque, quæcumque, quodcumque, *quicon- que.*

Gén. Cujuscumque. *D.* Cuicumque, *de tout genre.*

II.

Nom. Quidam, quædam, quoddam *et* quiddam *un, certain.*

Gén. Cujusdam. *D.* Cuidam, *de tout genre.*

III.

Nom. Quilibet, quælibet, quodlibet *et* quidlibet, *qui l'on voudra.*

Gén. Cujuslibet. *D.* Cuilibet. *De même.* Quivis, quævis, quodvis. *G.* Cujusvis. *D.* Cuivis.

Des pronoms interrogatifs.

Les *pronoms interrogatifs* sont ceux qui servent à interroger; comme quand on dit : *qui* a fait cela? *que* vous dirai-je? *à quoi* pensez-vous?

Qui, que est interrogatif quand il n'a point d'anté- cédent, et qu'on peut le tourner par *quelle personne? quelle chose?* Dans les exemples ci-dessus on peut dire : *quelle personne* a fait cela? *quelle chose* vous dirai-je? *A quelle chose* pensez-vous?

SINGULIER.

        m.   *f.*   *n.*

Nom. Quis, quæ, quid (*et* quod, *avec un nom*), *qui, quel, quelle, quoi.*

Gén. Cujus,   } *de tous genres.*
Dat. Cui,   }
Acc. Quem, quam, quid (*et* quod, *avec un nom.*)
Abl. Quo, quâ, quo.

PLURIEL.

m.   *f.*   *n.*

Nom. Qui, quæ, quæ, *qui, quels, quelles.*
Gén. Quorum, quarum, quorum.
Dat. Quibus, *de tous genres.*
Acc. Quos, quas, quæ.
Abl. Quibus, *de tous genres.*

Dans les composés de *quis*, on décline seulement *quis*; les autres syllabes restent les mêmes.

I.

m.   *f.*   *n.*

Nom. Quisnam, quænam, quidnam *et* quodnam, *quel, quelle, quelle chose.*

II.

Nom. Quispiam, quæpiam, quodpiam *et* quidpiam, *quelqu'un, quelqu'une, quelque chose.*
Gén. Cujuspiam. *D.* Cuipiam.

III.

Nom. Quisquam, quæquam, quodquam, *et* quidquam, *quelqu'un, quelqu'une, quelque chose.*
Gén. Cujusquam. *D.* Cuiquam, *de tout genre.*

IV.

m.   *f.*   *n.*

Nom. Quisque, quæque, quodque *et* quidque, *chacun, chacune, chaque chose.*
Gén. Cujusque. *D.* Cuique, *de tout genre.*

V.

Nom. Quisquis, *masc.* quidquid, *neutre. Qui que ce soit, tout ce qui.*

Il n'a que les cas suivans : *Dat. sing.* Cuicui.
Abl. Quoquo. *Acc. plur.* Quosquos.

VI.

      m.   *f.*   *n.*

Nom. Aliquis, aliqua, aliquod *et* aliquid, *quelque, quel-*
      qu'une, quelque chose.
Gén. Alicujus. *D.* Alicui. *Devant un nom de choses qui se*
      comptent, on dit au pluriel Aliquot *(indéclinable.)*

Dans *Aliquis* les cas neutres au pluriel sont en *a*.

VII.

Nom. Ecquis, ecqua, ecquod *et* ecquid, *quel, quelle,*
      quoi.
Gén. Eccujus. *D.* Eccui.

VIII.

Dans **Unusquisque,** *chacun, on décline* **unus** *et*
quisqu.

EXEMPLE :

Nom. Unusquisque, unaquæque, unumquodque.
Gén. Uniuscujusque. *D.* Unicuique. *Acc.* Unumquem-
      que, unamquamque, unumquodque. *Abl.* Uno-
      quoque, unâquâque, unoquoque.

QUATRIÈME ESPÈCE DE MOTS.

LE VERBE.

Le Verbe est un mot dont on se sert pour exprimer que l'on *est*, ou que l'on *fait* quelque chose;
ainsi, le mot *être, je suis,* est un verbe; il marque
l'existence : le mot *lire, je lis,* est un verbe ; il marque une action.

On connaît un verbe en français quand on peut y ajouter ces pronoms, *je*, *tu*, *il*, *elle*, *nous*, *vous*, *ils*, *elles*, comme : je *lis*, tu *lis*, il *lit*, elle *lit*, nous *lisons*, vous *lisez*, ils *lisent*, elles *lisent*.

Les pronoms *je*, *nous*, marquent la première personne, c'est-à-dire celle qui parle : *Je lis, nous lisons.*

Tu, *vous*, marquent la seconde personne, c'est-à-dire celle à qui l'on parle : *tu lis, vous lisez.*

Il, *elle*, *ils*, *elles*, et *tout nom placé devant un verbe*, marquent la troisième personne, c'est-à-dire celle de qui l'on parle : il *lit*, elle *lit*, ils *lisent*, elles *lisent ;* l'enfant *lit*, les enfants *lisent*.

Il y a dans les verbes deux *nombres*, le *singulier*, quand on parle d'une seule personne, comme : *je lis, l'enfant dort ;* le *pluriel*, quand on parle de plusieurs personnes, comme : *nous lisons, les enfants dorment.*

Il y a trois *temps*, le *présent* qui marque que la chose *est* ou se *fait* actuellement, comme *je lis ;* le *passé* ou *prétérit*, qui marque que la chose *a été faite*, comme *j'ai lu ;* le *futur* qui marque que la chose *sera* ou *se fera*, comme *je lirai*.

PRÉSENT.

Le *présent* n'est qu'un point, il est indivisible ; mais il y a plusieurs *époques* dans le *passé*, il y en a aussi plusieurs dans le *futur*.

PASSÉ.

Pour exprimer en latin les différentes époques du passé, on se sert : 1° de *l'imparfait ;* 2° du *parfait*, 3° du *plus-que-parfait*.

L'imparfait marque une action passée, relativement au moment où l'on parle ; mais présente relati-

vement à une autre, comme : *je lisais*, **quand vo**-
êtes entré.

Le *parfait* exprime une action qui a eu lieu dan
un temps passé, comme : *j'ai lu, je lus*, etc.

Le *plus-que-parfait* exprime un passé antérieur à
un autre passé, mais d'une manière indéfinie, comme :
j'avais fini ma lettre, lorsque le courrier est arrivé.

FUTUR.

On distingue aussi deux *futurs*; 1° le *futur* en général, ou *futur* simple, qui exprime que la chose *sera*
ou *se fera*, comme : *je lirai*;

2° Le *futur antérieur*, qui présente l'action dans
l'avenir ; mais antérieurement à une autre, comme :
j'aurai lu, quand vous viendrez.

MODES.

Il y a quatre *modes* ou manières de signifier dans
les verbes latins.

1° L'*indicatif* quand on affirme que la chose *est* ou
qu'elle *a été*, ou qu'elle *sera*, comme : *nous lisons,
vous avez lu, ils liront.*

2° L'*impératif*, quand la signification du verbe se
présente avec l'idée d'un commandement, comme :
aimez-vous les uns les autres.

3° Le *subjonctif*, quand on subordonne la signification du verbe à quelqu'autre verbe antécédent, sans
lequel il n'y aurait pas un sens parfait, comme : il
faut *que je fasse*.

4° L'*infinitif*, quand on exprime l'action en général, sans nombres ni personnes, comme : *lire, être*.

L'*infinitif* renferme le *participe*, le *supin* et le
gérondif, qui sont des noms formés du verbe.

Réciter de suite les différens modes d'un verbe avec
us leurs temps, leurs nombres et leurs personnes,
.ela s'appelle *conjuguer*.

Il y a en latin quatre conjugaisons, que l'on distingue par la terminaison de l'infinitif et par celle de
la seconde personne du présent de l'indicatif.

La première conjugaison a l'infinitif terminé en
are, et la seconde personne du présent de l'indicatif
en *as*.

La seconde conjugaison fait à l'infinitif *ere*, et à
la seconde personne du présent de l'indicatif *es*.

La troisième conjugaison fait à l'infinitif *ere*,
et à la seconde personne du présent de l'indicatif *is*.

La quatrième conjugaison fait à l'infinitif *ire*, et
à la seconde personne du présent de l'indicatif *is*.

Il faut commencer par le verbe *sum*, je suis,
que l'on appelle *verbe auxiliaire*, parce qu'il sert à
conjuguer plusieurs autres verbes.

INDICATIF.

PRÉSENT.

Sing.	Sum,	*je suis.*
	Es,	*tu es.*
	Est,	*il est.*
Plur.	Sumus,	*nous sommes.*
	Estis,	*vous êtes.*
	Sunt,	*ils sont.*

IMPARFAIT.

Sing.	Eram,	*j'étais.*
	Eras,	*tu étais.*
	Erat,	*il était.*
Plur.	Eramus,	*nous étions.*
	Eratis,	*vous éliez.*
	Erant,	*ils étaient.*

PARFAIT.

Sing. Fui,   *j'ai été.*
        Fuisti,   *tu as été.*
        Fuit,   *il a été.*
Plur. Fuimus,   *nous avons été.*
        Fuistis,   *vous avez été.*
        Fuerunt *ou* fuere,   *ils ont été.*

Autrement pour le français : *Je fus, tu fus, il fut; nous fûmes, vous fûtes, ils furent.*

Ou : *J'eus été, tu eus été, il eut été, nous eûmes été; vous eûtes été, ils eurent été.*

PLUS-QUE-PARFAIT.

Sing. Fueram,   *j'avais été.*
        Fueras,   *tu avais été.*
        Fuerat,   *il avait été.*
Plur. Fueramus,   *nous avions été.*
        Fueratis,   *vous aviez été*
        Fuerant,   *ils avaient été.*

FUTUR.

Sing. Ero,   *je serai.*
        Eris,   *tu seras*
        Erit,   *il sera.*
Plur. Erimus,   *nous serons.*
        Eritis,   *vous serez.*
        Erunt,   *ils seront.*

FUTUR ANTÉRIEUR.

Sing. Fuero,   *j'aurai été.*
        Fueris,   *tu auras été.*
        Fuerit,   *il aura été.*
Plur. Fuerimus.   *nous aurons été.*
        Fueritis,   *vous aurez été.*
        Fuerint,   *ils auront été.*

IMPÉRATIF.

Il n'a point de première personne au singulier

Sing. Es *ou* esto,	*sois.*
Esto (ille),	*qu'il soit.*
Plur. Simus,	*soyons.*
Este *ou* estote,	*soyez.*
Sunto,	*qu'ils soient.*

SUBJONCTIF.

PRÉSENT.

Sing. Sim,	*que je sois.*
Sis,	*que tu sois.*
Sit,	*qu'il soit.*
Plur. Simus,	*que nous soyons.*
Sitis,	*que vous soyez.*
Sint,	*qu'ils soient.*

IMPARFAIT.

Sing. Essem *ou* forem,	*que je fusse.*
Esses *ou* fores,	*que tu fusses.*
Esset *ou* foret,	*qu'il fût.*
Plur. Essemus,	*que nous fussions.*
Essetis,	*que vous fussiez.*
Essent *ou* forent,	*qu'ils fussent.*

Autrement, pour le conditionnel présent français : *Je serais, tu serais, il serait; nous serions, vous seriez, ils seraient.*

PARFAIT.

Sing. Fuerim,	*que j'aie été.*
Fueris,	*que tu aies été.*
Fuerit,	*qu'il ait été.*
Plur. Fuerimus,	*que nous ayons été.*
Fueritis,	*que vous ayez été.*
Fuerint,	*qu'ils aient été.*

PLUS-QUE-PARFAIT.

Sing. Fuissem,	*que j'eusse été.*
Fuisses,	*que tu eusses été.*
Fuisset,	*qu'il eût été.*

Plur. Fuissemus,   *que nous eussions été.*
       Fuissetis,   *que vous eussiez été.*
       Fuissent,   *qu'ils eussent été.*

Autrement, pour le conditionnel passé français : *J'au-rais été, tu aurais été, il aurait été; nous aurions été, vous auriez été, ils auraient été.*

INFINITIF.

PRÉSENT.

Esse, *être.*

PARFAIT.

Fuisse, *avoir été.*

FUTUR.

Fore (*indéclinable*), *ou* futurum, futuram esse (*décli-nable*), *devoir être.*

FUTUR PASSÉ.

Futurum, futuram fuisse (*déclinable*), *avoir dû être.*

PARTICIPE FUTUR.

Futurus, futura, futurum, *devant être.*

Ainsi se conjuguent les verbes composés de *sum*, comme : *adesse,* être présent ; *abesse,* être absent ; *deesse,* manquer ; *interesse,* assister à ; *obesse,* nuire ; *præesse,* présider à ; *subesse,* être dessous, etc.

RÈGLE GÉNÉRALE POUR TOUS LES VERBES.

Ego *sum*.

Tout verbe qui n'est pas à l'infinitif a un sujet qui se met au nominatif, et avec lequel il s'accorde en nombre et en personne.

EXEMPLES.

Je suis, *ego sum. Ego* est du singulier ; *sum* est aussi du singulier. *Ego* est de la première personne ; *sum* est aussi de la première personne.

Vous êtes, *tu es ;* il est, *ille est ;* nous sommes, *nos su-mus ;* vous êtes, *vos estis ;* ils sont, *illi sunt.*

Cette règle regarde également tous les autres verbes.

Outre le verbe auxiliaire *esse*, être, il y a cinq sortes de verbes latins : les verbes *actifs*, *passifs*, *déponens*, *neutres* et *impersonnels*.

VERBES ACTIFS.

On appelle en français *verbe actif* celui qui marque une action faite par le sujet, et après lequel on peut mettre *quelqu'un*, *quelque chose*. *Aimer* est un verbe actif parce qu'on peut dire *aimer quelqu'un*, *aimer quelque chose*.

On appelle en latin verbes actifs ceux qui sont terminés en *o* à la première personne du présent de l'indicatif et qui ont un passif, comme *verbero*, je frappe, qui a le passif *verberor*, je suis frappé.

CONJUGAISON DES VERBES ACTIFS.

PREMIÈRE CONJUGAISON.

Arc, as.

Temps primitifs. (1)

Am o, as ; amav i ; ama rc ; amat um.

INDICATIF.

PRÉSENT, *temps primitif.*

Sing.	Am o,	*J'alme.*
	Am as,	*tu aimes.*
	Am at,	*il aime.*

(1) On appelle temps *primitifs* ceux qui servent à former les autres temps. — Il y a dans les verbes latins quatre temps primitifs, savoir : le *présent* de l'indicatif, le *parfait* de l'indicatif, le *présent* du subjonctif, et le *supin*.

Plur.	Am amus,	*nous aimons.*
	Am atis,	*vous aimez.*
	Am ant,	*ils aiment.*

IMPARFAIT, *formé du présent* am o, *en changeant* o *en* abam.

Sing.	Am abam,	*j'aimais.*
	Am abas,	*tu aimais.*
	Am abat,	*il aimait.*
Plur.	Am abamus,	*nous aimions.*
	Am abatis,	*vous aimiez.*
	Am abant,	*ils aimaient.*

PARFAIT, *temps primitif.*

Sing.	Amav i,	*j'ai aimé.*
	Amav isti,	*tu as aimé.*
	Amav it,	*il a aimé.*
Plur.	Amav imus,	*nous avons aimé.*
	Amav istis,	*vous avez aimé.*
	Amav erunt *ou* amav ere,	*ils ont aimé.*

Autrement pour le français : *J'aimai, tu aimas, il aima; nous aimâmes, vous aimâtes, ils aimèrent.*

Ou : *J'eus aimé, tu eus aimé, il eut aimé ; nous eûmes aimé, vous eûtes aimé, ils eurent aimé.*

Ou : *J'ai eu aimé, tu as eu aimé, il a eu aimé; nous avons eu aimé, vous avez eu aimé, ils ont eu aimé.*

PLUS-QUE-PARFAIT, *formé du parfait* amav i, *en changeant* i *en* eram.

Sing.	Amav eram,	*j'avais aimé.*
	Amav eras,	*tu avais aimé.*
	Amav erat,	*il avait aimé.*
Plur.	Amav eramus,	*nous avions aimé.*
	Amav eratis,	*vous aviez aimé.*
	Amav erant,	*ils avaient aimé.*

FUTUR, *formé du présent* am o, *en changeant* o
en abo.

Sing.	Am abo,	*j'aimerai.*
	Am abis,	*tu aimeras.*
	Am abit,	*il aimera.*
Plur.	Am abimus,	*nous aimerons.*
	Am abitis,	*vous aimerez.*
	Am abunt,	*ils aimeront.*

FUTUR ANTÉRIEUR, *formé du parfait* amav i, *en changeant* i
en ero.

Sing.	Amav ero,	*j'aurai aimé.*
	Amav eris,	*tu auras aimé.*
	Amav erit,	*il aura aimé.*
Plur.	Amav erimus,	*nous aurons aimé.*
	Amav eritis,	*vous aurez aimé.*
	Amav erint,	*ils auront aimé.*

IMPÉRATIF.

PRÉSENT OU FUTUR, *formé du présent de l'infinitif* ama re,
en retranchant re.

Point de première personne au singulier.

Sing.	Ama *ou* ama to,	*aime.*
	Ama to (ille),	*qu'il aime.*
Plur.	Ame mus,	*aimons.*
	Ama te *ou* ama tote,	*aimez.*
	Ama nto,	*qu'ils aiment.*

SUBJONCTIF.

PRÉSENT OU FUTUR, *formé du présent de l'indicatif* am o, *en*
changeant o *en* em.

Sing.	Am em,	*que j'aime.*
	Am es,	*que tu aimes.*
	Am et,	*qu'il aime.*
Plur.	Am emus,	*que nous aimions.*
	Am etis,	*que vous aimiez.*
	Am ent,	*qu'ils aiment.*

IMPARFAIT, *formé du présent de l'infinitif* ama re *en ajoutant* m.

Sing.	Amare m,	que j'aimasse.
	Amare s,	que tu aimasses.
	Amare t,	qu'il aimât.
Plur.	Amare mus,	que nous aimassions.
	Amare tis,	que vous aimassiez.
	Amare nt,	qu'ils aimassent.

Autrement pour le conditionnel présent français : *J'aimerais, tu aimerais, il aimerait; nous aimerions, vous aimeriez, ils aimeraient.*

PARFAIT, *formé du parfait de l'indicatif* amav i, *en changeant* i *en* crim.

Sing.	Amav crim,	que j'aie aimé.
	Amav cris,	que tu aies aimé.
	Amav crit,	qu'il ait aimé.
Plur.	Amav crimus,	que nous ayons aimé.
	Amav critis,	que vous ayez aimé.
	Amav crint,	qu'ils aient aimé.

PLUS-QUE-PARFAIT, *formé du parfait de l'indicatif* amav i, *en changeant* i *en* issem.

Sing.	Amav issem,	que j'eusse aimé.
	Amav isses,	que tu eusses aimé.
	Amav isset,	qu'il eût aimé.
Plur.	Amav issemus,	que nous eussions aimé.
	Amav issetis,	que vous eussiez aimé.
	Amav issent,	qu'ils eussent aimé.

Autrement, pour le conditionnel passé français : *J'aurais aimé, tu aurais aimé, il aurait aimé ; nous aurions aimé, vous auriez aimé, ils auraient aimé.*

INFINITIF.

PRÉSENT, *temps primitif.*

Ama re, *aimer.*

PARFAIT, *formé du parfait de l'indicatif* amav i, *en chan-*
geant i *en* isse.

> Amav isse, *avoir aimé.*

FUTUR, *composé de l'accusatif du participe futur*
et de esse.

> Amat urum esse (*décl.*), *devoir aimer.*

FUTUR PASSÉ, *composé de l'accusatif du participe futur*
et de fuisse.

> Amat urum fuisse (*décl.*), *avoir dû aimer.*

PARTICIPE PRÉSENT, *formé du présent de l'indicatif* am o,
en changeant o *en* ans.

> Am ans, am antis, *aimant.*

PARTICIPE FUTUR, *formé du supin* amat um, *en changeant*
um *en* urus.

> Amat urus, amat ura, amat urum, *devant aimer.*

SUPIN, *temps primitif.*

Accusatif. Amat um, *à aimer.*

GÉRONDIFS, *formés du présent de l'indicatif* am o, *en chan-*
geant o *en* andi, ando, andum.

> Am andi,   *d'aimer.*
> Am ando,   *en aimant.*
> Am andum,   *à aimer* ou *pour aimer.*

REMARQUE. Les participes se déclinent, savoir : les
participes en *ans* et en *ens*, comme *prudens* ; et les
participes en *us*, comme *bonus, a, um.*

Ainsi se conjuguent *laudare*, louer ; *vituperare*, blâmer ; *ver-*
berare, frapper ; *vocare*, appeler, etc.

———

SECONDE CONJUGAISON.

Erc, es.

Temps primitifs.

Mon eo, es ; monu i ; mon ere ; monit um.

INDICATIF.

PRÉSENT, *temps primitif.*

Sing.	Mon eo,	*j'avertis.*
	Mon es,	*tu avertis.*
	Mon et,	*il avertit.*
Plur.	Mon emus,	*nous avertissons.*
	Mon etis,	*vous avertissez.*
	Mon ent,	*ils avertissent.*

IMPARFAIT, *formé du présent* mon eo, *en changeant* eo *en* ebam.

Sing.	Mon ebam,	*j'avertissais.*
	Mon ebas,	*tu avertissais.*
	Mon ebat,	*il avertissait.*
Plur.	Mon ebamus,	*nous avertissions.*
	Mon ebatis,	*vous avertissiez.*
	Mon ebant,	*ils avertissaient.*

PARFAIT, *temps primitif.*

Sing.	Monu i,	*j'ai averti.*
	Monu isti,	*tu as averti.*
	Monu it,	*il a averti.*
Plur.	Monu imus,	*nous avons averti.*
	Monu istis,	*vous avez averti.*
	Monu erunt *ou* monu ere,	*ils ont averti.*

Autrement pour le français : *J'avertis, tu avertis, il avertit ; nous avertîmes, vous avertîtes, ils avertirent.*

Ou : *J'eus averti, tu eus averti, il eut averti, nous eûmes averti, vous eûtes averti, ils eurent averti.*

3

Ou : *J'ai eu averti, tu as eu averti, il a eu averti ; nous avons eu averti, vous avez eu averti, ils ont eu averti.*

PLUS-QUE-PARFAIT, *formé du parfait* monu i, *en changeant* i *en* eram.

Sing.	Monu eram,	*j'avais averti.*
	Monu eras,	*tu avais averti.*
	Monu erat,	*il avait averti.*
Plur.	Monu eramus,	*nous avions averti.*
	Monu eratis,	*vous aviez averti.*
	Monu erant,	*ils avaient averti.*

FUTUR, *formé du présent* mon eo, *en changeant* eo *en* ebo.

Sing.	Mon ebo,	*j'avertirai.*
	Mon ebis,	*tu avertiras.*
	Mon ebit,	*il avertira.*
Plur.	Mon ebimus,	*nous avertirons.*
	Mon ebitis,	*vous avertirez.*
	Mon ebunt.	*ils avertiront.*

FUTUR ANTÉRIEUR, *formé du parfait* monu i, *en changeant* i *en* ero.

Sing.	Monu ero,	*j'aurai averti.*
	Monu eris,	*tu auras averti.*
	Monu erit,	*il aura averti.*
Plur.	Monu erimus,	*nous aurons averti.*
	Monu eritis,	*vous aurez averti.*
	Monu erint,	*ils auront averti.*

IMPÉRATIF.

PRÉSENT OU FUTUR, *formé du présent de l'infinitif* mon ere, *en retranchant* re.

Point de première personne au singulier.

Sing.	Mone *ou* mone to,	*avertis.*
	Mone to (ille),	*qu'il avertisse.*
Plur.	Mone amus,	*avertissons.*
	Mone te *ou* mone tote,	*avertissez.*
	Mone nto	*qu'ils avertissent.*

SUBJONCTIF.

PRÉSENT OU FUTUR, *formé du présent de l'indicatif* mon eo, *un changeant* eo *en* eam.

Sing.	Mon eam,	*que j'avertisse.*
	Mon eas.	*que tu avertisses.*
	Mon eat,	*qu'il avertisse.*
Plur.	Mon eamus,	*que nous avertissions.*
	Mon eatis,	*que vous avertissiez.*
	Mon eant,	*qu'ils avertissent.*

IMPARFAIT, *formé du présent de l'infinitif* mon ere, *en ajoutant* m.

Sing.	Monere m,	*que j'avertisse.*
	Monere s,	*que tu avertisses.*
	Monere t,	*qu'il avertît.*
Plur.	Monere mus,	*que nous avertissions.*
	Monere tis,	*que vous avertissiez.*
	Monere nt,	*qu'ils avertissent.*

Autrement pour le conditionnel présent français : *J'avertirais, tu avertirais, il avertirait; nous avertirions, vous avertiriez, ils avertiraient.*

PARFAIT, *formé du parfait de l'indicatif* monu i, *en changeant* i *en* erim.

Sing.	Monu erim,	*que j'aie averti.*
	Monu eris,	*que tu aies averti.*
	Monu erit,	*qu'il ait averti.*
Plur.	Monu erimus,	*que nous ayons averti.*
	Monu eritis,	*que vous ayez averti.*
	Monu erint,	*qu'ils aient averti.*

PLUS-QUE-PARFAIT, *formé du parfait de l'indicatif* monu i, *en changeant* i *en* issem.

Sing.	Monu issem,	*que j'eusse averti.*
	Monu isses,	*que tu eusses averti.*
	Monu isset,	*qu'il eût averti.*
Plur.	Monu issemus,	*que nous eussions averti.*
	Monu issetis,	*que vous eussiez averti.*
	Monu issent,	*qu'ils eussent averti.*

Autrement pour le conditionnel passé français :
J'aurais averti, tu aurais averti, il aurait averti; nous au-
rions averti, vous auriez averti, ils auraient averti.

INFINITIF.

PRÉSENT, *temps primitif.*

Mon ere, *avertir.*

PARFAIT, *formé du parfait de l'indicatif* monu i, *en*
changeant i *en* isse.

Monu isse, *avoir averti.*

FUTUR, *composé de l'accusatif du participe futur*
et de esse.

Monit urum esse (*déclin.*) *devoir avertir.*

FUTUR PASSÉ, *composé de l'accusatif du participe futur*
et de fuisse.

Monit urum fuisse (*déclin.*), *avoir dû avertir.*

PARTICIPE PRÉSENT, *formé du présent de l'indicatif* mon eo,
en changeant eo *en* ens.

Mon ens, mon entis, *avertissant.*

PARTICIPE FUTUR, *formé du supin* monit um, *en*
changeant um *en* urus.

Monit urus, monit ura, monit urum, *devant avertir.*

SUPIN, *temps primitif.*

Monit um, *à avertir.*

GÉRONDIFS, *formés du présent de l'indicatif* mon eo, *en*
changeant eo *en* endi, endo, endum.

Mon endi, *d'avertir.*
Mon endo, *en avertissant.*
Mon endum, *à avertir* ou *pour avertir.*

Ainsi se conjuguent *docere,* instruire ; *terrere,* épouvanter ;
tenere, tenir ; *implere,* emplir : ce dernier fait au parfait *implevi.*

TROISIÈME CONJUGAISON.

Ere, is.

PREMIER VERBE DE LA TROISIÈME CONJUGAISON.

Temps primitifs.

Leg o, is; leg i; leg ere; lect um.

INDICATIF.

PRÉSENT, *temps primitif.*

Sing.	Leg o,	*je lis.*
	Leg is,	*tu lis.*
	Leg it,	*il lit.*
Plur.	Leg imus,	*nous lisons.*
	Leg itis,	*vous lisez.*
	Leg unt,	*ils lisent.*

IMPARFAIT, *formé du présent* leg o, *en changeant*
o *en* ebam.

Sing.	Leg ebam,	*je lisais.*
	Leg ebas,	*tu lisais.*
	Leg ebat,	*il lisait.*
Plur.	Leg ebamus,	*nous lisions.*
	Leg ebatis,	*vous lisiez.*
	Leg ebant,	*ils lisaient.*

PARFAIT, *temps primitif.*

Sing.	Leg i,	*j'ai lu.*
	Leg isti,	*tu as lu.*
	Leg it,	*il a lu.*
Plur.	Leg imus,	*nous avons lu.*
	Leg istis,	*vous avez lu.*
	Leg erunt *ou* leg ere,	*ils ont lu.*

Autrement pour le français : *Je lus, tu lus, il lut; nous lûmes, vous lûtes, ils lurent.*

Ou : *J'eus lu, tu eus lu, il eut lu; nous eûmes lu, vous eûtes lu, ils eurent lu.*

Ou : *J'ai eu lu, tu as eu lu, il a eu lu; nous avons eu lu, vous avez eu lu ; ils ont eu lu.*

PLUS-QUE-PARFAIT, *formé du parfait* leg i, *en changeant*
i *en* eram.

Sing. Leg eram,   *j'avais lu.*
      Leg eras,   *tu avais lu,*
      Leg erat,   *il avait lu.*
Plur. Leg eramus,   *nous avions lu.*
      Leg eratis,   *vous aviez lu.*
      Leg erant,   *ils avaient lu.*

FUTUR, *formé du présent* leg o, *en changeant*
o *en* am, es.

Sing Leg am,   *je lirai.*
      Leg es,   *tu liras.*
      Leg et,   *il lira.*
Plur. Leg emus,   *nous lirons.*
      Leg etis,   *vous lirez.*
      Leg ent,   *ils liront.*

FUTUR ANTÉRIEUR, *formé du parfait* leg i, *en changeant*
i *en* ero.

Sing. Leg ero,   *j'aurai lu.*
      Leg eris,   *tu auras lu.*
      Leg erit,   *il aura lu.*
Plur. Leg erimus,   *nous aurons lu.*
      Leg eritis,   *vous aurez lu.*
      Leg erint,   *ils auront lu.*

IMPÉRATIF.

PRÉSENT OU FUTUR, *formé du présent de l'infinitif* leg ere,
en retranchant re.

Point de première personne au singulier.
Sing. Lege *ou* leg ito,   *lis.*
      Leg ito (ille),   *qu'il lise.*
Plur. Leg amus,   *lisons.*
      Leg ite *ou* leg itote,   *lisez.*
      Leg unto,   *qu'ils lisent.*

SUBJONCTIF.

PRÉSENT OU FUTUR, *formé du présent de l'indicatif* leg o,
en changeant o *en* am, as.

Sing. Leg am,   *que je lise.*
      Leg as,   *que tu lises.*
      Leg at,   *qu' il lise.*

Plur. Leg amus,   *que nous lisions.*
     Leg atis,   *que vous lisiez.*
     Leg ant,   *qu'ils lisent.*

      IMPARFAIT, *formé du présent de l'infinitif* legere, *en ajoutant* m.

Sing. Legere m,   *que je lusse.*
     Legere s,   *que tu lusses.*
     Legere t,   *qu'il lût.*
Plur. Legere mus,   *que nous lussions.*
     Legere tis,   *que vous lussiez.*
     Legere nt,   *qu'ils lussent*

Autrement pour le conditionnel présent français :
Je lirais, tu lirais, il lirait; nous lirions, vous liriez, ils li-raient.

      PARFAIT, *formé du parfait de l'indicatif* leg i, *en changeant* i *en* erim.

Si ng. Leg erim.   *que j'aie lu.*
     Leg eris,   *que tu aies lu.*
     Leg erit,   *qu'il ait lu.*
Plur. Leg erimus,   *que nous ayons lu.*
     Leg eritis,   *que vous ayez lu.*
     Leg erint,   *qu'ils aient lu.*

      PLUS-QUE-PARFAIT, *formé du parfait de l'indicatif* leg. i, *en changeant* i *en* issem.

Sing. Leg issem,   *que j'eusse lu.*
     Leg isses,   *que tu eusses lu.*
     Leg isset,   *qu'il eût lu.*
Plur. Leg issemus,   *que nous eussions lu.*
     Leg issetis,   *que vous eussiez lu.*
     Leg issent,   *qu'il eussent lu.*

Autrement pour le conditionnel passé français :
J'aurais lu, tu aurais lu, il aurait lu; nous aurions lu, vous auriez lu, ils auraient lu.

INFINITIF.

      PRÉSENT, *temps primitif.*

Leg ere, *lire.*

PARFAIT, *formé du parfait de l'indicatif* leg i, *en changeant* i *en* isse.

Leg isse, *avoir lu.*

FUTUR, *composé de l'accusatif du participe futur et de* esse.

Lect urum esse (*déclin.*) *devoir lire.*

FUTUR PASSÉ, *composé de l'accusatif du participe futur et de* fuisse.

Lect urum fuisse (*déclin.*) *avoir dû lire.*

PARTICIPE PRÉSENT, *formé du présent de l'indicatif* leg o, *en changeant* o *en* ens.

Leg ens, leg entis, *lisant.*

PARTICIPE FUTUR, *formé du supin* lect um, *en changeant* um *en* urus.

Lect urus, lect ura, lect urum, *devant lire.*

SUPIN, *temps primitif.*

Lect um, *à lire.*

GÉRONDIFS, *formés du présent de l'indicatif* leg o, *en chan-* changeant o *en* endi, endo, endum.

Leg endi,	*de lire.*
Leg endo,	*en lisant.*
Leg endum,	*à lire* ou *pour lire.*

Ainsi se conjuguent *vincere,* vaincre ; *occidere,* tuer ; *scribere,* écrire ; *cognoscere,* connaître, etc.

———————

SECOND VERBE DE LA TROISIÈME CONJUGAISON.

Temps primitifs.

Accipi o, is; accep i; accip ere; accept um.

INDICATIF.

PRÉSENT, *temps primitif.*

Sing.	Accipi o,	*je reçois.*
	Accipi s,	*tu reçois.*
	Accipi t,	*il reçoit.*

Plur. Accipi mus,　　　*nous recevons.*
　　　 Accipi tis,　　　 *vous recevez.*
　　　 Accipi unt,　　　 *ils reçoivent.*

　　IMPARFAIT, *formé du présent* accipi o, *en changeant*
　　　　　　o *en* ebam.

Sing. Accipi ebam,　　　*je recevais.*
　　　 Accipi ebas,　　　 *tu recevais.*
　　　 Accipi ebat,　　　 *il recevait.*
Plur. Accipi ebamus,　　 *nous recevions.*
　　　 Accipi ebatis,　　　*vous receviez.*
　　　 Accipi ebant,　　　 *ils recevaient.*

　　　　PARFAIT, *temps primitif.*

Sing. Accep i,　　　*j'ai reçu.*
　　　 Accep isti,　　 *tu as reçu.*
　　　 Accep it,　　　 *il a reçu.*
Plur. Accep imus,　　 *nous avons reçu.*
　　　 Accep istis,　　 *vous avez reçu.*
　　　 Accep erunt *ou* accep ere, *ils ont reçu.*

　Autrement pour le français : *Je reçus, tu reçus , il re-*
çut; nous reçûmes, vous reçûtes, ils reçurent.

　Ou : *J'eus reçu, tu eus reçu, il eut reçu ; nous eûmes re-*
çu, vous eûtes reçu, ils eurent reçu.

　Ou : *J'ai eu reçu, tu as eu reçu, il a eu reçu ; nous avons*
eu reçu, vous avez eu reçu, ils ont eu reçu.

PLUS-QUE-PARFAIT, *formé du parfait* accep i, *en changeant*
　　　　　　i *en* eram.

Sing. Accep eram,　　　*j'avais reçu.*
　　　 Accep eras,　　　 *tu avais reçu.*
　　　 Accep erat,　　　 *il avait reçu.*
Plur. Accep eramus,　　 *nous avions reçu.*
　　　 Accep eratis,　　　*vous aviez reçu.*
　　　 Accep erant,　　　 *ils avaient recu.*

　　FUTUR, *formé du présent* accipi o, *en changeant*
　　　　　　o *en* am, es.

Sing. Accipi am,　　　*je recevrai.*
　　　 Accipi es,　　　 *tu recevras.*
　　　 Accipi et,　　　 *il recevra.*　　　3*.

Plur. Accipi emus,	*nous recevrons.*
Accipi etis,	*vous recevrez.*
Accipi ent,	*ils recevront.*

FUTUR ANTÉRIEUR, *formé du parfait* accep i, *en changeant* i *en* ero.

Sing. Accep ero,	*j'aurai reçu.*
Accep eris,	*tu auras reçu.*
Accep erit,	*il aura reçu.*
Plur. Accep erimus,	*nous aurons reçu.*
Accep eritis,	*vous aurez reçu.*
Accep erint,	*ils auront reçu.*

IMPÉRATIF.

PRÉSENT OU FUTUR, *formé du présent de l'infinitif* accip cre, *en retranchant* re.

Point de première personne au singulier.

Sing. Accipe *ou* accipi to,	*reçois.*
Accipi to (ille),	*qu'il reçoive.*
Plur. Accipi amus,	*recevons.*
Accipi te *ou* accipi tote,	*recevez.*
Accipi unto,	*qu'ils reçoivent.*

SUBJONCTIF.

PRÉSENT OU FUTUR, *formé du présent de l'indicatif* accipi o, *en changeant* o *en* am, as.

Sing. Accipi am,	*que je reçoive.*
Accipi as,	*que tu reçoives.*
Accipi at,	*qu'il reçoive.*
Plur. Accipi amus,	*que nous recevions.*
Accipi atis,	*que vous receviez.*
Accipi ant,	*qu'ils reçoivent.*

IMPARFAIT, *formé du présent de l'infinitif* accip cre, *en ajoutant* m.

Sing. Accipere m,	*que je reçusse.*
Accipere s,	*que tu reçusses.*
Accipere t,	*qu'il reçût.*
Plur. Accipere mus,	*que nous reçussions.*
Accipere tis,	*que vous reçussiez.*
Accipere nt,	*qu'ils reçussent.*

Autrement pour le conditionnel présent français :
Je recevrais, tu recevrais, il recevrait ; nous recevrions, vous recevriez, ils recevraient.

PARFAIT, *formé du parfait de l'indicatif,* acce pi, *en changeant* i *en* erim.

Sing. Accep erim,   *que j'aie reçu.*
     Accep eris,   *que tu aies reçu.*
     Accep erit,   *qu'il ait reçu.*
Plur. Accep erimus,   *que nous ayons reçu.*
     Accep eritis,   *que vous ayez reçu.*
     Accep erint,   *qu'ils aient reçu.*

PLUS-QUE-PARFAIT, *formé du parfait de l'indicatif* accep i, *en chantant* i *en* issem.

Sing. Accep issem,   *que j'eusse reçu.*
     Accep isses,   *que tu eusses reçu.*
     Accep isset,   *qu'il eût reçu.*
Plur. Accep issemus,   *que nous eussions reçu.*
     Accep issetis,   *que vous eussiez reçu.*
     Accep issent,   *qu'ils eussent reçu.*

Autrement pour le conditionnel passé français :
J'aurais reçu, tu aurais reçu, il aurait reçu ; nous aurions reçu, vous auriez reçu, ils auraient reçu.

INFINITIF.

PRÉSENT, *temps primitif.*

Accip ere, *recevoir.*

PARFAIT, *formé du parfait de l'indicatif* accep i, *en changeant* i *en* isse.

Accep isse, *avoir reçu.*

FUTUR, *composé de l'accusatif du participe futur et de* esse.

Accept urum esse (*déclin.*), *devoir recevoir.*

FUTUR PASSÉ, *composé de l'accusatif du participe futur et de* fuisse.

Accept urum fuisse (*déclin.*), *avoir dû recevoir.*

PARTICIPE PRÉSENT, *formé du présent de l'indicatif* accipi o, *en changeant* o *en* ens.

Accipi ens, accipi entis, *recevant.*

PARTICIPE FUTUR, *formé du supin* accept um *en changeant* um *en* urus.

Accept urus, accept ura, accept urum, *devant recevoir.*

SUPIN, *temps primitif.*

Accept um, *à recevoir.*

GÉRONDIFS, *formés du présent de l'indicatif* accipi o, *en changeant* o *en* endi, endo, endum.

Accipi endi,   *de recevoir.*
Accipi endo,   *en recevant.*
Accipi endum   *à recevoir* ou *pour recevoir.*

Ainsi se conjuguent *rapere,* ravir ; *aspicere,* regarder ; *jacere,* jeter ; *facere,* faire, etc.

QUATRIÈME CONJUGAISON.

Ire, is.

Temps primitifs.

Audi o, is ; audiv i ; aud ire ; audit um.

INDICATIF.

PRÉSENT, *temps primitif.*

Sing. Audi o,   *j'entends* ou *j'écoute.*
Audi s,   *tu entends* ou *tu écoutes.*
Audi t,   *il entend* ou *il écoute.*
Plur. Audi mus,   *nous entendons* ou *nous écou-*
Audi tis,   *vous entendez.*   [*tons.*
Audi unt,   *ils entendent.*

IMPARFAIT, *formé du présent* audi o, *en changeant* o *en* ebam.

Sing. Audi ebam,   *j'entendais* ou *j'écoutais.*
Audi ebas,   *tu entendais.*
Audi ebat,   *il entendait.*

Plur. Audi ebamus,   *nous entendions.*
    Audi ebatis,   *vous entendiez.*
    Audi ebant   *ils entendaient.*

PARFAIT, *temps primitif.*

Sing. Audiv i,   *j'ai entendu.*
    Audiv isti,   *tu as entendu.*
    Audiv it,   *il a entendu.*
Plur. Audiv imus,   *nous avons entendu.*
    Audiv istis,   *vous avez entendu.*
    Audiv erunt *ou* audiv ere, *ils ont entendu.*

Autrement pour le français : *J'entendis, tu entendis, il entendit ; nous entendîmes, vous entendîtes, ils entendirent.*

Ou : *J'eus entendu, tu eus entendu, il eut entendu ; nous eûmes entendu, vous eûtes entendu, ils eurent entendu.*

Ou : *J'ai eu entendu, tu as eu entendu, il a eu entendu ; nous avons eu entendu, vous avez eu entendu, ils ont eu entendu.*

PLUS-QUE-PARFAIT, *formé du parfait* audiv i, *en changeant* i *en* eram.

Sing. Audiv eram,   *j'avais entendu.*
    Audiv eras,   *tu avais entendu.*
    Audiv erat,   *il avait entendu.*
Plur. Audiv eramus,   *nous avions entendu.*
    Audiv eratis,   *vous aviez entendu.*
    Audiv erant,   *ils avaient entendu.*

FUTUR, *formé du présent* audi o, *en changeant* o *en* am, es.

Sing. Audi am,   *j'entendrai.*
    Audi es,   *tu entendras.*
    Audi et,   *il entendra.*
Plur. Audi emus,   *nous entendrons.*
    Audi etis,   *vous entendrez.*
    Audi ent,   *ils entendront.*

FUTUR ANTÉRIEUR, *formé du parfait* audiv i, *en changeant*
i *en* ero.

Sing. Audiv ero,　　　　　*j'aurai entendu.*
　　　　Audiv eris,　　　　　*tu auras entendu.*
　　　　Audiv erit,　　　　　*il aura entendu.*
Plur. Audiv erimus,　　　　*nous aurons entendu.*
　　　　Audiv eritis,　　　　*vous aurez entendu.*
　　　　Audiv erint,　　　　　*ils auront entendu.*

IMPÉRATIF.

PRÉSENT OU FUTUR, *formé du présent de l'infinitif* aud ire,
en retranchant re.

Point de première personne au singulier.

Sing. Audi *ou* audi to,　　*entends.*
　　　　Audi to (ille),　　　*qu'il entende.*
Plur. Audi amus,　　　　　*entendons.*
　　　　Audi te *ou* audi tote, *entendez.*
　　　　Audi unto,　　　　　*qu'ils entendent.*

SUBJONCTIF.

PRÉSENT OU FUTUR, *formé du présent de l'indicatif* audi o,
en changeant o *en* am, as.

Sing. Audi am,　　　　　*que j'entende.*
　　　　Audi as,　　　　　*que tu entendes.*
　　　　Audi at,　　　　　*qu'il entende.*
Plur. Audi amus,　　　　*que nous entendions.*
　　　　Audi atis,　　　　*que vous entendiez.*
　　　　Audi ant,　　　　　*qu'ils entendent.*

IMPARFAIT, *formé du présent de l'infinitif* aud ire, *en ajou-*
tant m.

Sing. Audire m,　　　　　*que j'entendisse.*
　　　　Audire s,　　　　　*que tu entendisses.*
　　　　Audire t,　　　　　*qu'il entendît.*
Plur. Audire mus　　　　*que nous entendissions.*
　　　　Audire tis,　　　　*que vous entendissiez.*
　　　　Audire nt,　　　　　*qu'ils entendissent.*

Autrement pour le conditionnel présent français :
*J'entendrais, tu entendrais, il entendrait ; nous entendrions,
vous entendriez, ils entendraient.*

PARFAIT, *formé du parfait de l'indicatif* audiv i, *en changeant* i *en* erim.

Sing.	Audiv erim,	*que j'aie entendu.*
	Audiv eris,	*que tu aies entendu.*
	Audiv erit,	*qu'il ait entendu.*
Plur.	Audiv erimus,	*que nous ayons entendu.*
	Audiv eritis,	*que vous ayez entendu.*
	Audiv erint,	*qu'ils aient entendu.*

PLUS-QUE-PARFAIT, *formé du parfait de l'indicatif* audiv i,
en changeant i *en* issem.

Sing.	Audiv issem,	*que j'eusse entendu.*
	Audiv isses,	*que tu eusses entendu.*
	Audiv isset,	*qu'il eût entendu.*
Plur.	Audiv issemus,	*que nous eussions entendu.*
	Audiv issetis,	*que vous eussiez entendu.*
	Audiv issent,	*qu'ils eussent entendu.*

Autrement pour le conditionnel passé français :
*J'aurais entendu, tu aurais entendu, il aurait entendu ;
nous aurions entendu, vous auriez entendu, ils auraient entendu.*

INFINITIF

PRÉSENT, *temps primitif.*

Aud ire, *entendre.*

PARFAIT, *formé du parfait de l'indicatif* audiv i, *en changeant* i *en* isse.

Audiv isse, *avoir entendu.*

FUTUR, *composé de l'accusatif du participe futur et de* esse.

Audit urum esse (*déclin.*), *devoir entendre.*

FUTUR PASSÉ, *composé de l'accusatif du participe futur et de*
fuisse.

Audit urum fuisse (*déclin.*), *avoir dû entendre.*

PARTICIPE PRÉSENT, *formé du présent de l'indicatif* audi o, *en changeant* o *en* ens.

Audi ens, entis, *entendant*.

PARTICIPE FUTUR, *formé du supin* audit um, *en changeant* um *en* urus.

Audit urus, audit ura, audit urum, *devant entendre*.

SUPIN, *temps primitif.*

Audit um, *à entendre.*

GÉRONDIFS, *formés du présent de l'indicatif* audi o, *en chan-geant* o *en* endi, endo, endum.

Audi endi,   *d'entendre.*
Audi endo,   *en entendant.*
Audi endum,   *à entendre* ou *pour entendre.*

Ainsi se conjuguent *aperire,* ouvrir; *munire,* fortifier; *sepelire,* ensevelir; *punire,* punir, etc.

REMARQUE. On peut faire une syncope, c'est-à-dire retrancher quelques lettres dans les parfaits et dans tous les temps qui en sont formés, en ôtant *se* ou *vi,* et quelquefois le *v* seulement dans la quatrième conjugaison : ainsi l'on dit *amârunt* pour *amaverunt; impléssem* pour *implevissem; audieram* pour *audiveram; audiissem* pour *audivissem.*

TABLEAU GÉNÉRAL

Des quatre Conjugaisons actives.

INDICATIF.	1.	2.	3.	4.
Présent.	Am o, as.	Mon eo, es.	Leg o, is.	Audi o, is.
Imparfait.	Am abam, as.	Mon ebam, as.	Leg ebam, as.	Audi ebam, as.
Parfait.	Amav i, isti.	Monu i, isti.	Leg i, isti.	Audiv i, isti.
Plus-que-parfait.	Amav eram, as.	Monu eram, as.	Leg eram, as.	Audiv eram, as.
Futur.	Am abo, is.	Mon ebo, is.	Leg am, es.	Audi am, es.
Futur antérieur.	Amav ero, is.	Monu ero, is.	Leg ero, is.	Audiv ero, is.
IMPÉRATIF.	Ama, ato.	Mone, eto.	Lege, ito.	Audi, ito.
SUBJONCTIF.				
Présent.	Am em, es.	Mon eam, as.	Leg am, as.	Audi am, as.
Imparfait.	Amare m, es.	Monere m, es.	Legere m, es.	Audire m, es.
Parfait.	Amav erim, is.	Monu erim, is.	Leg erim, is.	Audiv erim, is.
Plus-que-parfait.	Amav issem, es.	Monu issem, es.	Leg issem, es.	Audiv issem, es.
INFINITIF.				
Présent.	Am are.	Mon ere.	Leg ere.	Aud ire.
Parfait.	Amav isse.	Monu isse.	Leg isse.	Audiv isse.
Participe présent.	Am ans.	Mon ens.	Leg ens.	Audi ens.
Participe futur.	Amat urus.	Monit urus.	Lect urus.	Audit urus.
Supin.	Amat um.	Monit um.	Lect um.	Audit um.
Gérondif.	Am andi, etc.	Mon endi, etc.	Leg endi, etc.	Audi endi, etc.

FORMATION DES TEMPS DES VERBES ACTIFS.

On divise les temps des verbes latins en temps primitifs et en temps dérivés.

Les temps *primitifs* sont ceux qui servent à former tous les autres ; il y en a quatre, savoir :

1° Le présent de l'infinitif ;

2° Le présent de l'indicatif ;

3° Le parfait de l'indicatif ;

4° Le supin en *um*.

Les temps *dérivés* sont ceux qui sont formés des temps primitifs.

TABLEAU DES TEMPS PRIMITIFS.

CONJUGAISONS.	PRÉSENT DE L'INFINITIF.	PRÉSENT. DE L'INDICATIF.	PARFAIT DE L'INDICATIF.	SUPIN EN *um.*
Première.	Amare.	Amo.	Amavi.	Amatum.
Seconde.	Monere.	Moneo.	Monui	Monitum
Troisième.	Legere.	Lego.	Legi.	Lectum.
id.	Accipere.	Accipio	Accepi.	Acceptum.
Quatrième.	Audire.	Audio.	Audivi.	Auditum.

I.

Du PRÉSENT DE L'INDICATIF, en supprimant la dernière syllabe *re* on forme l'impératif, *ama, mone, lege, accipe, audi* (1).

En ajoutant *m* on forme l'imparfait du subjonctif, *amare-m, monere-m, legere-m, accipere-m, audire-m.*

---

(1) Quatre verbes, *dico, duco, facio, fero*, ont à l'impératif *dic, duc, fac, fer*, ainsi que les verbes qui en sont composés, excepté ceux qui changent *facere* en *ficere*.

II.

Du PRÉSENT DE L'INDICATIF on forme :

1° L'imparfait de l'indicatif en changeant la terminaison *o* en *abam*, pour la première conjugaison ; *am-o, am-abam ;* en changeant *eo* en *ebam* dans la seconde conjugaison, *mon-eo, mon-ebam ;* en changeant *o* en *ebam*, dans la troisième et la quatrième conjugaison, *leg-o, leg-ebam, accipi-o, accipi-ebam, audi-o, audi-ebam ;*

2° Le futur simple de l'indicatif, en changeant *o* en *abo* dans les verbes de la première conjugaison ; *am-o, am-abo ;* en changeant *eo* en *ebo* dans les verbes de la seconde, *mon-eo, mon-ebo ;* en changeant *o* en *am, es* dans les verbes de la troisième et de la quatrième conjugaison : *leg-o, leg-am, leg-es ; accipi-o, accipi-am, accipi-es ; audi-o, audi-am, audi-es ;*

3° Le présent du subjonctif, en changeant *o* en *em* dans la première conjugaison, *am-o, am-em ;* et en changeant *o* en *am, as* dans les trois autres, *mone-o, mone-am, mone-as ; leg-o, leg-am, as ; accipi-o, as, accipia-m, as ; audi-o, as, audi-am, as;*

4° Le participe présent, en changeant *o* en *ans* dans la première conjugaison, *am-o, am-ans ;* en changeant *eo* en *ens* dans les verbes de la seconde, *doc-eo, doc-ens ;* en changeant *o* en *ens* dans les verbes de la troisième et de la quatrième, *leg-o, leg-ens ; accipi-o, accipi-ens ; audi-o, audi-ens ;*

5° Les gérondifs, en changeant *o* en *andi, ando, andum* dans la première conjugaison : *am-o, am-andi, am-ando, am-andum ;* en changeant *eo* en *endi, endo, endum* dans la seconde : *mon-eo, mon-endi, mon-endo, mon-endum ;* et en changeant *o* en *endi, endo, endum*, dans la troisième et la quatrième conjugaison : *leg-o, leg-endi, leg-endo, leg-endum ; audi-o, audi-endi, audi-endo, audi-endum ;* etc.

III.

Du PARFAIT DE L'INDICATIF on forme :

1° Le plus-que-parfait de l'indicatif, en changeant *i* en *eram* ; *amav-i, amav-eram* ; *monu-i, monu-eram* ; *leg-i, leg-eram*, etc.

2° Le futur antérieur de l'indicatif, en changeant *i* en *ero* ; *amav-i, amav-ero* ; *monu-i, monu-ero*, etc.

3° Le parfait du subjonctif, en changeant *i* en *erim, amav-erim, monu-erim, leg-erim*, etc.

4° Le plus-que-parfait du subjonctif, en changeant *i* en *issem, amav-issem, monu-issem* ;

5° Le parfait de l'infinitif, en changeant *i* en *isse, amav-isse, monu-isse.*

IV.

Du SUPIN en *um* on forme :

1° Le futur de l'infinitif, en changeant la lettre finale *m* en *rum, ram, rum : amatu-m, amatu-rum, amatu-ram, amatu-rum ; monitu-m, monitu-rum, ram, rum,* etc. ; ajoutant *esse* pour le futur simple, et *fuisse* pour le futur passé.

2° Le participe futur, en changeant *m* en *rus, ra, rum : amatu-m, amatu-rus, amatu-ra, amatu-rum,* etc.

RÈGLE DES VERBES ACTIFS.

Amo Deum.

Tous les verbes actifs gouvernent l'accusatif.

EXEMPLES.

J'aime, j'aimais, j'ai aimé, j'aimerai Dieu : *Amo, amabam, amavi, amabo Deum.*

Vous aviez instruit, vous instruiriez l'enfant : *Docueras, doceres puerum.*

Il aura lu, il aurait lu le livre : *Legerit, legisset librum.*
Écoutez votre maître : *Audi magistrum tuum.*

CONJUGAISON DES VERBES PASSIFS.

Le verbe PASSIF est le contraire du verbe actif; il marque une action reçue, soufferte par le sujet.

Le verbe passif latin a quatre conjugaisons qui se forment de celles de l'actif, et qui y répondent.

PREMIÈRE CONJUGAISON PASSIVE.

AMA-RI.

INDICATIF.

PRÉSENT, *formé du présent de l'actif* am o, *en ajoutant* r.

S.	Am or,	*je suis aimé.*
	Am aris *ou* am are,	*tu es aimé.*
	Am atur,	*il est aimé.*
P.	Am amur,	*nous sommes aimés.*
	Am amini,	*vous êtes aimés.*
	Am antur.	*ils sont aimés.*

IMPARFAIT.

S.	Am abar,	*j'étais aimé.*
	Am abaris *ou* am abare,	*tu étais aimé.*
	Am abatur,	*il était aimé.*
P.	Am abamur,	*nous étions aimés.*
	Am abamini,	*vous étiez aimés.*
	Am abantur,	*ils étaient aimés.*

PARFAIT (*il se décline*)

S.	Amatus sum *ou* fui,	*j'ai été aimé.*
	Amatus es *ou* fuisti,	*tu as été aimé.*
	Amatus est *ou* fuit,	*il a été aimé.*
P.	Amati sumus *ou* fuimus,	*nous avons été aimés.*
	Amati estis *ou* fuistis,	*vous avez été aimés.*
	Amati sunt *ou* fuerunt,	*ils ont été aimés.*

Autrement pour le français : *Je fus aimé, tu fus aimé, il fut aimé ; nous fûmes aimés, vous fûtes aimés, ils furent aimés.*

Ou : *J'eus été aimé, tu eus été aimé, il eut été aimé ; nous eûmes été aimés, vous eûtes été aimés, ils eurent été aimés.*

PLUS-QUE-PARFAIT (*il se décline*).

S. Amatus eram *ou* fueram,   *j'avais été aimé.*
   Amatus eras *ou* fueras,   *tu avais été aimé.*
   Amatus erat *ou* fuerat,   *il avait été aimé.*
P. Amati eramus *ou* fueramus, *nous avions été aimés.*
   Amati eratis *ou* fucratis,   *vous aviez été aimés.*
   Amati erant *ou* fuerant,   *ils avaient été aimés.*

FUTUR.

S. Am abor,   *je serai aimé.*
   Am aberis *ou* am abere, *tu seras aimé.*
   Am abitur,   *il sera aimé.*
P. Am abimur,   *nous serons aimés.*
   Am abimini,   *vous serez aimés.*
   Am abuntur,   *ils seront aimés.*

FUTUR ANTÉRIEUR (*il se décline*).

S. Amatus ero *ou* fuero,   *j'aurai été aimé.*
   Amatus eris *ou* fueris,   *tu auras été aimé.*
   Amatus erit *ou* fuerit,   *il aura été aimé.*
P. Amati erimus *ou* fuerimus, *nous aurons été aimés.*
   Amati eritis *ou* fueritis,   *vous aurez été aimés.*
   Amati erint *ou* fuerint,   *il auront été aimés.*

IMPÉRATIF.

Point de première personne au singulier.

S. Ama re *ou* ama tor,   *sois aimé.*
   Ama tor (ille),   *qu'il soit aimé.*
P. Ame mur,   *soyons aimés.*
   Ama mini,   *soyez aimés.*
   Ama ntor,   *qu'ils soient aimés.*

SUBJONCTIF.

PRÉSENT.

S. Am er,   *que je sois aimé.*
   Am eris *ou* am ere.   *que tu sois aimé.*
   Am etur,   *qu'il soit aimé.*

P. Am emur,   *que nous soyons aimés.*
Am emini,   *que vous soyez aimés.*
Am entur,   *qu'ils soient aimés.*

IMPARFAIT.

S. Amare r,   *que je fusse aimé.*
Amare ris *ou* amare re,   *que tu fusses aimé.*
Amare tur,   *qu'il fût aimé.*
P. Amare mur,   *que nous fussions aimés.*
Amare mini,   *que vous fussiez aimés.*
Amare ntur,   *qu'ils fussent aimés.*

Autrement pour le conditionnel présent français :
Je serais aimé, tu serais aimé, il serait aimé; nous serions
aimés, vous seriez aimés, ils seraient aimés.

PARFAIT (*il se décline*).

S. Amatus sim *ou* fuerim,   *que j'aie été aimé.*
Amatus sis *ou* fueris,   *que tu aies été aimé.*
Amatus sit *ou* fuerit,   *qu'il ait été aimé.*
P. Amati simus *ou* fuerimus, *que nous ayons été aimés.*
Amati sitis *ou* fueritis, *que vous ayez été aimés.*
Amati sint *ou* fuerint,   *qu'ils aient été aimés.*

PLUS-QUE-PARFAIT (*il se décline.*)

S. Amatus essem *ou* fuissem,   *que j'eusse été aimé.*
Amatus esses *ou* fuisses,   *que tu eusses été aimé.*
Amatus esset *ou* fuisset,   *qu'il eût été aimé.*
P. Amati essemus *ou* fuissemus, *que nous eussions été*
[*aimés.*
Amati essetis *ou* fuissetis, *que vous eussiez été aimés.*
Amati essent *ou* fuissent,   *qu'il eussent été aimés.*

Autrement pour le conditionnel passé français :
J'aurais été aimé, tu aurais été aimé, il aurait été aimé;
nous aurions été aimés, vous auriez été aimés, ils auraient été
aimés.

INFINITIF.

PRÉSENT.

Ama ri, *être aimé.*

PARFAIT.

Amat um, amat am esse *ou* fuisse, *avoir été aimé.*

FUTUR.

Amat um (*indécl*) iri, *ou* am andum esse (*déclinable*), *devoir être aimé*.

FUTUR PASSÉ.

Am andum fuisse (*déclin.*), *avoir dû être aimé*.

PARTICIPE PASSÉ.

Amat us, amat a, amat um, *aimé, étant aimé*.

PARTICIPE FUTUR.

Am andus, am anda, am andum, *devant être aimé*.

SUPIN.

Amat u, *d être aimé*.

Ainsi se conjuguent *laudor*, je suis loué; *vituperor*, je suis blâmé; *verberor*, je suis frappé; *vocor*, je suis appelé, etc.

REMARQUE. Tous les temps composés se déclinent, tant au singulier qu'au pluriel, comme *bonus, a, um*, et ils s'accordent en genre, en nombre et en cas avec leurs nominatifs.

EXEMPLES.

Le père a été aimé, *pater amatus est*; la mère a été aimée, *mater amata est*.

SECONDE CONJUGAISON PASSIVE.

MON ERI.

INDICATIF.

PRÉSENT.

S. Mon eor,   *je suis averti.*
Mon eris *ou* mon ere,   *tu es averti.*
Mon etur,   *il est averti.*
P. Mon emur,   *nous sommes avertis.*
Mon emini,   *vous êtes avertis.*
Mon entur,   *ils sont avertis.*

IMPARFAIT.

S. Mon ebar,   *j'étais averti.*
Mon ebaris *ou* mon ebare, *tu étais averti.*
Mon ebatur,   *il était averti.*

P. Mon ebamur,   *nous étions avertis.*
   Mon ebamini,   *vous étiez avertis.*
   Mon ebantur,   *ils étaient avertis.*

PARFAIT (*il se décline*).

S. Monitus sum *ou* fui,   *j'ai été averti.*
   Monitus es *ou* fuisti,   *tu as été avertis.*
   Monitus est *ou* fuit,   *il a été averti.*
P. Moniti sumus *ou* fuimus, *nous avons été avertis.*
   Moniti estis *ou* fuistis, *vous avez été avertis.*
   Moniti sunt *ou* fuerunt, *ils ont été avertis.*

Autrement pour le français : *Je fus averti, tu fus averti, il fut averti ; nous fûmes avertis, vous fûtes avertis, ils furent avertis.*

Ou : *J'eus été averti, tu eus été averti, il eut été averti ; nous eûmes été avertis, vous eûtes été avertis, ils eurent été avertis.*

PLUS-QUE-PARFAIT (*il se décline*).

S. Monitus eram *ou* fueram,   *j'avais été averti.*
   Monitus eras *ou* fueras,   *tu avais été averti.*
   Monitus erat *ou* fuerat,   *il avait été averti.*
P. Moniti eramus *ou* fueramus, *nous avions été avertis.*
   Moniti eratis *ou* fueratis, *vous aviez été avertis.*
   Moniti erant *ou* fuerant,   *ils avaient été avertis.*

FUTUR.

S. Mon ebor,   *je serai averti.*
   Mon eberis *ou* mon ebere, *tu seras averti.*
   Mon ebitur,   *il sera averti.*
P. Mon ebimur,   *nous serons avertis.*
   Mon ebimini,   *vous serez avertis.*
   Mon ebuntur,   *ils seront avertis.*

FUTUR ANTÉRIEUR, (*il se décline*).

S. Monitus ero *ou* fuero,   *j'aurai été averti.*
   Monitus eris *ou* fueris,   *tu auras été averti.*
   Monitus erit *ou* fuerit,   *il aura été averti.*
P. Moniti erimus *ou* fuerimus, *nous aurons été avertis.*
   Moniti eritis *ou* fueritis, *vous aurez été avertis.*
   Moniti erunt *ou* fuerint,   *ils auront été avertis.*

4

IMPÉRATIF.

Point de première personne au singulier.

S. Mon ere *ou* mon etor, *sois averti.*
Mon etor (ille),   *qu'il soit averti.*
P. Mon eamur,   *soyons avertis.*
Mon emini,   *soyez avertis.*
Mon entor,   *qu'ils soient avertis.*

SUBJONCTIF.

PRÉSENT.

S. Mon ear,   *que sois je averti.*
Mon earis *ou* mon eare, *que tu sois averti.*
Mon eatur,   *qu'il soit averti.*
P. Mon eamur,   *que nous soyons avertis.*
Mon eamini,   *que vous soyez avertis.*
Mon eantur,   *qu'ils soient avertis.*

IMPARFAIT.

S. Monere r,   *que je fusse averti.*
Monere ris *ou* monere re, *que tu fusses averti.*
Monere tur   *qu'il fût averti.*
P. Monere mur,   *que nous fussions avertis.*
Monere mini,   *que vous fussiez avertis.*
Monere ntur.   *qu'ils fussent avertis.*

Autrement pour le cōnditionnel présent français : *Je serais averti, tu serais averti, il serait averti ; nous serions avertis, vous seriez avertis, ils seraient avertis.*

PARFAIT (*il se décline*).

S. Monitus sim *ou* fuerim,   *que j'aie été averti.*
Monitus sis *ou* fueris,   *que tu aies été averti.*
Monitus sit *ou* fuerit,   *qu'il ait été averti.*
P. Moniti simus *ou* fuerimus, *que nous ayons été avertis.*
Moniti sitis *ou* fueritis,   *que vous ayez été avertis.*
Moniti sint *ou* fuerint,   *qu'il aient été avertis.*

PLUS-QUE-PARFAIT (*il se décline*).

S. Monitus essem *ou* fuissem,   *que j'eusse été averti.*
Monitus esses *ou* fuisses,   *que tu eusses été averti.*
Monitus esset *ou* fuisset,   *qu'il eût été averti.*

P. Monit i essemus *ou* fuissemus, *que nous eussions été*
                                     [*avertis.*
Moniti essetis *ou* fuissetis,   *que vous eussiez été avertis.*
Moniti essent *ou* fuissent,   *qu'ils eussent été avertis.*

Autrement pour le conditionnel passé français :
*J'aurais été averti, tu aurais été averti, il aurait été averti;
nous aurions été avertis, vous auriez été avertis, ils auraient
été avertis.*

INFINITIF.

PRÉSENT.

Mon eri, *être averti.*

PARFAIT.

Monit um, monit am esse *ou* fuisse, *avoir été averti.*

FUTUR.

Monit um (*indécl.*) iri, *ou* mon endum (*décl.*) esse,
devoir être averti

FUTUR ANTÉRIEUR.

Mon endum fuisse (*décl.*), *avoir dû être averti.*

PARTICIPE PASSÉ.

Monit us, monit a, monit um, *averti, étant averti,
ayant été averti.*

PARTICIPE FUTUR.

Mon endus, mon enda, mon endum, *devant être averti.*

SUPIN.

Monit u, *à être averti.*

Ainsi se conjuguent *doceor,* je suis instruit ; *terreor,* je suis
épouvanté ; *teneor,* je suis tenu ; *impleor,* je suis rempli, etc.

TROISIÈME CONJUGAISON PASSIVE.

Premier Verbe.

LEG I.

INDICATIF.

PRÉSENT.

S. Leg or,   *je suis lu.*
     Leg eris *ou* leg ere,   *tu es lu.*
     Leg itur,   *il est lu.*   4*

P. Leg imur,   *nous sommes lus.*
   Leg imini,   *vous êtes lus.*
   Leg untur,   *ils sont lus.*

IMPARFAIT.

S. Leg ebar,   *j'étais lu*
   Leg ebaris *ou* leg ebare, *tu étais lu.*
   Leg ebatur,   *il était lu.*
P. Leg ebamur,   *nous étions lus.*
   Leg ebamini,   *vous étiez lus.*
   Leg ebantur,   *ils étaient lus.*

PARFAIT (*il se décline*).

S. Lectus sum *ou* fui,   *j'ai été lu.*
   Lectus es *ou* fuisti,   *tu as été lu.*
   Lectus est *ou* fuit,   *il a été lu.*
P. Lecti sumus *ou* fuimus,   *nous avons été lus.*
   Lecti estis *ou* fuistis,   *vous avez été lus.*
   Lecti sunt *ou* fuerunt,   *ils ont été lus.*

Autrement pour le français : *Je fus lu, tu fus lu, il fut lu ; nous fûmes lus, vous fûtes lus, ils furent lus.*

Ou : *J'eus été lu, tu eus été lu, il eut été lu ; nous eûmes été lus, vous eûtes été lus, ils eurent été lus.*

PLUS-QUE-PARFAIT (*il se décline*).

S. Lectus eram *ou* fueram,   *j'avais été lu.*
   Lectus eras *ou* fueras,   *tu avais été lu.*
   Lectus erat *ou* fuerat,   *il avait été lu.*
P. Lecti eramus *ou* fueramus, *nous avions été lus.*
   Lecti eratis *ou* fueratis,   *vous aviez été lus.*
   Lecti erant *ou* fuerant,   *ils avaient été lus.*

FUTUR.

S. Leg ar,   *je serai lu.*
   Leg eris *ou* leg ere,   *tu seras lu.*
   Leg etur,   *il sera lu.*
P. Leg emur,   *nous serons lus.*
   Leg emini,   *vous serez lus.*
   Leg entur,   *ils seront lus.*

FUTUR ANTÉRIEUR (*il se décline*).

S. Lectus ero *ou* fuero   *j'aurai été lu.*
    Lectus eris *ou* fueris,   *tu auras été lu.*
    Lectus erit *ou* fuerit,   *il aura été lu.*
P. Lecti erimus *ou* fuerimus, *nous aurons été lus.*
    Lecti eritis *ou* fueritis   *vous aurez été lus.*
    Lecti erunt *ou* fuerint,   *ils auront été lus.*

IMPÉRATIF.

Point de première personne au singulier.

S. Leg ere *ou* leg itor,   *sois lu.*
    Leg itor (ille),   *qu'il soit lu.*
P. Leg amur,   *soyons lus.*
    Leg imini,   *soyez lus.*
    Leg untor,   *qu'ils soient lus.*

SUBJONCTIF.

PRÉSENT.

S. Leg ar,   *que je sois lu.*
    Leg aris *ou* leg are,   *que tu sois lu.*
    Leg atur,   *qu'il soit lu.*
P. Leg amur,   *que nous soyons lus.*
    Leg amini,   *que vous soyez lus.*
    Leg antur,   *qu'ils soient lus.*

IMPARFAIT.

S. Legere r,   *que je fusse lu.*
    Legere ris *ou* legere re, *que tu fusses lu.*
    Legere tur,   *qu'il fût lu.*
P. Legere mur,   *que nous fussions lus.*
    Legere mini,   *que vous fussiez lus.*
    Legere ntur,   *qu'ils fussent lus.*

Autrement pour le conditionnel présent français : *Je serais lu, tu serais lu, il serait lu ; nous serions lus, vous seriez lus, ils seraient lus.*

PARFAIT (*il se décline*).

S. Lectus sim *ou* fuerim,   *que j'aie été lu.*
    Lectus sis *ou* fueris,   *que tu aies été lu.*
    Lectus sit *ou* fuerit,   *qu'il ait été lu.*

P. Lecti simus *ou* fucrimus,   *que nous ayons été lus.*
Lecti sitis *ou* fueritis,   *que vous ayez été lus.*
Lecti sint *ou* fuerint,   *qu'ils aient été lus.*

PLUS-QUE-PARFAIT (*il se décline*).

S. Lectus essem *ou* fuissem,   *que j'eusse été lu.*
Lectus esses *ou* fuisses,   *que tu eusses été lu.*
Lectus esset *ou* fuisset,   *qu'il eût été lu.*
P. Lecti essemus *ou* fuissemus,   *que nous eussions été lus.*
Lecti essetis *ou* fuissetis,   *que vous eussiez été lus.*
Lecti essent *ou* fuissent,   *qu'ils eussent été lus.*

Autrement pour le conditionnel passé français : *J'aurais été lu, tu aurais été lu, il aurait été lu; nous aurions été lus, vous auriez été lus, ils auraient été lus.*

INFINITIF.

PRÉSENT.

Leg i, *être lu.*

PARFAIT.

Lect um, lect am esse *ou* fuisse, *avoir été lu.*

FUTUR.

Lect um (*indécl.*) iri, leg endum (*décl.*) esse, *devoir être lu.*

FUTUR ANTÉRIEUR.

Leg endum fuisse (*décl.*), *avoir dû être lu.*

PARTICIPE PASSÉ.

Lect us, lect a, lect um, *lu, étant lu, ayant été lu.*

PARTICIPE FUTUR.

Leg endus, leg enda, leg endum, *devant être lu.*

SUPIN.

Lect u, *à être lu.*

Ainsi se conjuguent *vincor*, je suis vaincu; *scribor*, je suis écrit; *cognoscor*, je suis connu, etc.

SECOND VERBE DE LA TROISIÈME CONJUGAISON PASSIVE.

ACCIP I.

INDICATIF.

PRÉSENT,

S. Accip ior,   *je suis reçu.*
   Accip eris *ou* accip ere, *tu es reçu.*
   Accip itur,   *il est reçu.*
P. Accip imur,   *nous sommes reçus.*
   Accip imini,   ·   *vous êtes reçus.*
   Accip iuntur,   *ils sont reçus.*

IMPARFAIT.

S. Accip iebar,   *j'étais reçu.*
   Accip iebaris *ou* accip iebare, *tu étais reçu.*
   Accip iebatur,   *il etait reçu.*
P. Accip iebamur,   *nous étions reçus.*
   Accip iebamini,   *vous etiez reçus.*
   Accip iebantur,   *ils étaient reçus.*

PARFAIT (*il se décline*).

S. Acceptus sum *ou* fui,   *j'ai été reçu.*
   Acceptus es *ou* fuisti,   *tu as été reçu.*
   Acceptus est *ou* fuit,   *il a été reçu.*
P. Accepti sumus *ou* fuimus *nous avons été reçus.*
   Accepti estis *ou* fuistis, *vous avez été reçus.*
   Accepti sunt *ou* fuerunt *ils ont été reçus.*

Autrement pour le français : *Je fus reçu, tu fus reçu, il fut reçu ; nous fûmes reçus, vous fûtes reçus, ils furent reçus.*

Ou : *J'eus été reçu, tu eus été reçu, il eut été reçu ; nous eûmes été reçus, vous eûtes été reçus, ils eurent été reçus.*

PLUS-QUE-PARFAIT (*il se décline.*)

S. Acceptus eram *ou* fueram,   *j'avais été reçu.*
   Acceptus eras *ou* fueras,   *tu avais été reçu*
   Acceptus erat *ou* fuerat, · *il avait été reçu.*

P. Accepti cramus *ou* fueramus,   *nous avions été reçus.*
Accepti eratis *ou* fueratis,   *vous aviez été reçus.*
Accepti erant *ou* fuerant,   *ils avaient été reçus.*

FUTUR.

S. Accip iar,   *je serai reçu.*
Accip ieris *ou* accip iere,   *tu seras reçu.*
Accip ietur,   *il sera reçu.*
P. Accip iemur,   *nous serons reçus.*
Accip iermini,   *vous serez reçus.*
Accip ientur,   *ils seront reçus.*

FUTUR ANTÉRIEUR (*il se décline*).

S. Acceptus ero *ou* fuero,   *j'aurai été reçu.*
Acceptus eris *ou* fueris,   *tu auras été reçu.*
Acceptus erit *ou* fuerit,   *il aura été reçu.*
P. Accepti erimus *ou* fuerimus,   *nous aurons été reçus.*
Accepti eritis *ou* fueritis,   *vous aurez été reçus.*
Accepti erunt *ou* fuerint,   *ils auront été reçus.*

IMPÉRATIF.

Point de première personne au singulier.

S. Accip ere *ou* accip itor,   *sois reçu.*
Accip itor (ille),   *qu'il soit reçu.*
P. Accip iamur,   *soyons reçus.*
Accip imini,   *soyez reçus.*
Accip iuntor,   *qu'ils soient reçus.*

SUBJONCTIF.

PRÉSENT.

S. Accip iar,   *que je sois reçu.*
Accip iaris *ou* accip iare,   *que tu sois reçu.*
Accip iatur,   *qu'il soit reçu.*
P. Accip iamur,   *que nous soyons reçus.*
Accip iamini,   *que vous soyez reçus.*
Accip iantur,   *qu'ils soient reçus.*

IMPARFAIT.

S. Accipere r,   *que je fusse reçu.*
Accipere ris *ou* accipere re,   *que tu fusses reçu.*
Accipere tur,   *qu'il fût reçu.*

P. Accipere mur,   *que nous fussions reçus.*
     Accipere mini,   *que vous fussiez reçus.*
     Accipere ntur,   *qu'ils fussent reçus.*

Autrement pour le conditionnel présent français :
Je serais reçu, tu serais reçu, il serait reçu ; nous serions reçus, vous seriez reçus, ils seraient reçus.

PARFAIT (*il se décline*).

S. Acceptus sim *ou* fuerim,   *que j'aie été reçu.*
   Acceptus sis *ou* fueris,   *que tu aies été reçu.*
   Acceptus sit *ou* fuerit,   *qu'il ait été reçu.*
P. Accepti simus *ou* fuerimus, *que nous ayons été reçus.*
   Accepti sitis, *ou* fueritis,   *que vous ayez été reçus.*
   Accepti sint *ou* fuerint,   *qu'ils aient été reçus.*

PLUS-QUE-PARFAIT (*il se décline*).

S. Acceptus essem *ou* fuissem, *que j'eusse été reçu.*
   Acceptus esses *ou* fuisses,   *que tu eusses été reçu.*
   Acceptus esset *ou* fuisset,   *qu'il eût été reçu.*
P. Accepti essemus *ou* fuissemus, *que nous eussions été*
                               [*reçus.*
   Accepti essetis *ou* fuissetis, *que vous eussiez été reçus.*
   Accepti essent *ou* fuissent,   *qu'ils eussent été reçus.*

Autrement pour le conditionnel passé français :
J'aurais été reçu, tu aurais été reçu, il aurait été reçu ; nous aurions été reçus, vous auriez été reçus, ils auraient été reçus.

INFINITIF.

PRÉSENT.

Accip i, *être reçu.*

PARFAIT.

Accept um, accept am esse *ou* fuisse, *avoir été reçu.*

FUTUR.

Accept um (*indécl.*) iri, accip iendum (*décl.*) esse, *devoir être reçu.*

FUTUR ANTÉRIEUR.

Accip iendum fuisse (*décl.*), *avoir dû être reçu.*

4**

PARTICIPE PASSÉ.

Accept us, accept a, accept um, *reçu, étant reçu, ayant été reçu.*

PARTICIPE FUTUR.

Accip iendus, accip ienda, accip iendum, *devant être reçu.*

SUPIN.

Acceps u, *à être reçu.*

QUATRIÈME CONJUGAISON PASSIVE.

AUD IRI.

INDICATIF.

PRÉSENT.

S.	Aud ior,	*je suis écouté* ou *entendu.*
	Aud iris *ou* aud ire,	*tu es écouté.*
	Aud itur,	*il est écouté.*
P.	Aud imur,	*nous sommes écoutés* ou *entendus.*
	Aud imini,	*vous êtes écoutés.*
	Aud iuntur,	*ils sont écoutés.*

IMPARFAIT.

S.	Aud iebar,	*j'étais écouté* ou *entendu.*
	Aud iebaris, *ou* aud iebare,	*tu étais écouté.*
	Aud iebatur,	*il était écouté.*
P.	Aud iebamur,	*nous étions écoutés.*
	Aud iebamini,	*vous étiez écoutes.*
	Aud iebantur,	*ils étaient écoutés.*

PARFAIT (*il se décline*).

S.	Auditus sum *ou* fui,	*j'ai été écouté* ou *entendu.*
	Auditus es *ou* fuisti,	*tu as été écouté.*
	Auditus est *ou* fuit,	*il a été écouté.*
P.	Auditi sumus *ou* fuimus,	*nous avons été écoutés.*
	Auditi estis *ou* fuistis,	*vous avez été écoutés.*
	Auditi sunt *ou* fuerunt,	*ils ont été écoutés*

Autrement pour le français : *Je fus écouté, tu fus écou-té, il fut écouté ; nous fûmes écoutés, vous fûtes écoutés, ils furent écoutés.*

Ou : *J'eus été écouté, tu eus été écouté, il eut été écou-té ; nous eûmes été écoutés, vous eûtes été écoutés, ils eurent été écoutés.*

PLUS-QUE-PARFAIT (il se décline).

S. Auditus eram *ou* fueram, *j'avais été écouté.*
 Auditus eras *ou* fueras, *tu avais été écouté.*
 Auditus erat *ou* fuerat, *il avait été écouté.*
P. Auditi eramus *ou* fueramus, *nous avions été écoutés.*
 Auditi eratis *ou* fueratis, *vous aviez été écoutés.*
 Auditi erant *ou* fuerant, *ils avaient été écoutés.*

FUTUR.

S. Aud iar, *je serai écouté.*
 Aud ieris *ou* aud iere, *tu seras écouté.*
 Aud ietur, *il sera écouté.*
P. Aud iemur, *nous serons écoutés.*
 Aud iemini, *vous serez écoutés.*
 Aud ientur, *ils seront écoutés.*

FUTUR ANTÉRIEUR (il se décline).

S. Auditus ero *ou* fuero, *j'aurai été écouté.*
 Auditus eris *ou* fueris, *tu auras été écouté.*
 Auditus erit *ou* fuerit, *il aura été écouté.*
P. Auditi erimus *ou* fuerimus, *nous aurons été écoutés.*
 Auditi eritis *ou* fueritis, *vous aurez été écoutés.*
 Auditi erunt *ou* fuerint, *ils auront été écoutés.*

IMPÉRATIF.

Point de première personne au singulier.

S. Aud ire *ou* aud itor, *sois écouté.*
 Aud itor (ille), *qu'il soit écouté.*
P. Aud iamur, *soyons écoutés.*
 Aud imini, *soyez écoutés.*
 Aud iuntor, *qu'ils soient écoutés.*

SUBJONCTIF.

PRÉSENT.

S. Aud iar,   *que je sois écouté.*
 Aud iaris *ou* aud iare, *que tu sois écouté.*
 Aud iatur,   *qu'il soit écouté.*
P. Aud iamur,   *que nous soyons écoulés.*
 Aud iamini,   *que vous soyez écoulés.*
 Aud iantur,   *qu'ils soient écoutés.*

IMPARFAIT.

S. Audire r,   *que je fusse écouté.*
 Audire ris *ou* audire re, *que tu fusses écouté.*
 Audire tur,   *qu'il fût écoulé.*
P. Audire mur,   *que nous fussions écoulés.*
 Audire mini,   *que vous fussiez écoutés.*
 Audire ntur,   *qu'ils fussent écoutés.*

Autrement pour le conditionnel présent français : *Je serais écouté, tu serais écouté, il serait écouté ; nous serions écoulés. vous seriez écoulés, ils seraient écoutés.*

PARFAIT (*il se décline*).

S. Auditus sim *ou* fuerim, *que j'aie été écouté.*
 Auditus sis *ou* fueris, *que tu aies été écouté*
 Auditus sit *ou* fuerit, *qu'il ait été écouté.*
P. Auditi simus *ou* fuerimus, *que nous ayons été écoutés.*
 Auditi sitis *ou* fueritis, *que vous ayez été écoutés.*
 Auditi sint *ou* fuerint, *qu'ils aient été écoutés.*

PLUS-QUE-PARFAIT (*il se décline*).

S. Auditus essem *ou* fuissem, *que j'eusse été écouté.*
 Auditus esses *ou* fuisses, *que tu eusses été écouté.*
 Auditus esset *ou* fuisset, *qu'il eût été écouté.*
P. Auditi essemus *ou* fuissemus, *que nous eussions été [écoutés.*
 Auditi essetis *ou* fuissetis, *que vous eussiez été écoutés.*
 Auditi essent *ou* fuissent, *qu'ils eussent été écoutés.*

Autrement pour le conditionnel passé français : *J'aurais été écouté, tu aurais été écouté, il aurait été écouté ; nous aurions été écoutés, vous auriez été écoutés, ils auraient été écoutés.*

INFINITIF

PRÉSENT.

Aud iri, *être écouté.*

PARFAIT.

Audit um, audit am esse, *ou* fuisse, *avoir été écouté.*

FUTUR.

Audit um (*indecl.*) iri, aud iendum (*déclin.*) esse, *devoir être écouté.*

FUTUR ANTÉRIEUR.

Audi endum fuisse (*déclin.*), *avoir dû être écouté.*

PARTICIPE PASSÉ.

Audit us, audit a, audit um, *écouté, étant écouté, ayant été écouté.*

PARTICIPE FUTUR.

Aud iendus, aud ienda, aud iendum, *devant être écouté.*

SUPIN.

Audit u, *à être écouté.*

Ainsi se conjuguent *aperior,* je suis ouvert ; *munior,* je suis fortifié ; *sepelior,* je suis enseveli ; *punior,* je suis puni.

TABLEAU GÉNÉRAL

Des quatre Conjugaisons passives.

INDICATIF.	1.	2.	3.	4.
Présent.	Am or, aris.	Mon cor, eris.	Leg or, eris.	Audi or, iris.
Imparfait.	Am abar, aris.	Mon ebar, aris.	Leg ebar, aris.	Audi ebar, aris.
Parfait.	Amatus sum *ou* fui.	Monitus sum.	Lectus sum.	Auditus sum
Plus-que parfait.	Amatus eram *ou* fueram.	Monitus eram.	Lectus eram.	Auditus eram.
Futur.	Am abor, eris.	Mon ebor, eris.	Leg ar, eris.	Audi ar, eris.
Futur antérieur.	Amatus ero, *ou* fuero.	Monitus ero.	Lectus ero.	Auditus ero.
IMPÉRATIF.	Am are, ator.	Mon ere, etor.	Leg ere, itor.	Aud ire, itor.
SUBJONCTIF.				
Présent.	Am er, eris.	Mon ear, earis.	Leg ar, aris.	Aud iar, iaris.
Imparfait.	Am arer, eris.	Mon erer eris.	Leg erer, eris.	Aud irer, eris.
Parfait.	Amatus sim. *ou* fuerim.	Monitus sim.	Lectus sim.	Auditus sim.
Plus-que-parfait.	Amatus essem *ou* fuissem.	Monitus essem.	Lectus essem.	Auditus essem.
INFINITIF.				
Présent.	Am ari.	Mon eri.	Leg i.	Aud iri.
Participe passé.	Amat us.	Monit us.	Lect us.	Audit us.
Participe futur.	Am andus.	Mon endus.	Leg endus.	Audi endus.
Supin.	Amat u.	Monit u,	Lect u.	Audit u.

REMARQUES SUR LA FORMATION DES TEMPS.

1° L'impératif passif est toujours semblable à l'infinitif actif.

2° Les temps simples du passif se forment des mêmes temps de l'actif, en ajoutant *r* à ceux qui sont terminés en *o ; amo, amor ; amabo, amabor ;* et en changeant *m* en *r* aux temps de l'actif qui sont terminés en *m ; amabam, amabar ; amarem, amarer ; legam, legar ; audiam, audiar.*

RÈGLE DES VERBES PASSIFS.

Amor *à Deo.*

De ou *par* après un verbe passif s'exprime en latin par *à, ab,* et le nom suivant se met à l'ablatif.

EXEMPLES.

Je suis aimé, j'étais aimé, je serai aimé de Dieu : *Amor, amabar, amabor à Deo.*

Vous étiez écouté, vous aviez été écouté par vos écoliers : *Audiebaris, auditus fueras à tuis discipulis.*

Il sera instruit, il aura été instruit par le maître : *Docebitur, doctus erit à magistro.*

Ce livre est lu par l'enfant : *Hic liber legitur à puero.*

VERBES DÉPONENTS.

Les verbes déponents se conjuguent pour le latin comme les verbes passifs, et pour le français comme les verbes actifs. Il y a des verbes déponents de chacune des quatre conjugaisons passives.

CONJUGAISON DES VERBES DÉPONENTS.

VERBE DÉPONENT DE LA PREMIÈRE CONJUGAISON.

SUR AM OR.

INDICATIF.

PRÉSENT.

S.	Imit or,	*j'imite.*
	Imit aris *ou* imit are,	*tu imites.*
	Imit atur,	*il imite.*
P.	Imit amur,	*nous imitons.*
	Imit amini,	*vous imitez.*
	Imit antur,	*ils imitent.*

IMPARFAIT.

S.	Imit abar,	*j'imitais.*
	Imit abaris *ou* imit abare,	*tu imitais.*
	Imit abatur,	*il imitait.*
P.	Imit abamur,	*nous imitions.*
	Imit abamini,	*vous imitiez.*
	Imit abantur,	*ils imitaient.*

PARFAIT (*il se décline*).

S.	Imitatus sum *ou* fui,	*j'ai imité.*
	Imitatus es *ou* fuisti,	*tu as imité.*
	Imitatus est *ou* fuit,	*il a imité.*
P.	Imitati sumus *ou* fuimus,	*nous avons imité.*
	Imitati estis *ou* fuistis,	*vous avez imité.*
	Imitati sunt *ou* fuerunt,	*ils ont imité.*

Autrement pour le français *J'imitai, tu imitas, il imita; nous imitâmes, vous imitâtes, ils imitèrent.*

Ou : *J'eus imité, tu eus imité, il eut imité; nous eûmes imité, vous eûtes imité, ils eurent imité.*

PLUS-QUE-PARFAIT (*il se décline*).

S.	Imitatus eram *ou* fueram,	*j'avais imité.*
	Imitatus eras *ou* fueras,	*tu avais imité.*
	Imitatus erat *ou* fuerat,	*il avait imité.*

P. Imitati eramus *ou* fueramus,   *nous avions imité.*
    Imitati eratis *ou* fueratis,   *vous aviez imité.*
    Imitati erant *ou* fuerant,   *ils avaient imité.*

FUTUR.

S. Imit abor,   *j'imiterai.*
    Imit aberis *ou* imit abere, *tu imiteras.*
    Imit abitur,   *il imitera.*
P. Imit abimur,   *nous imiterons.*
    Imit abimini,   *vous imiterez.*
    Imit abuntur,   *ils imiteront.*

FUTUR ANTÉRIEUR (*il se décline*).

S. Imitatus ero *ou* fuero,   *j'aurai imité.*
    Imitatus eris *ou* fueris,   *tu auras imité.*
    Imitatus erit *ou* fuerit,   *il aura imité.*
P. Imitati erimus *ou* fuerimus, *nous aurons imité.*
    Imitati eritis *ou* fueritis, *vous aurez imité.*
    Imitati erunt *ou* fuerint, *ils auront imité.*

IMPÉRATIF.

S. Imit are *ou* imit ator,   *imite.*
    Imit ator (ille),   *qu'il imite.*
P. Imit emur,   *imitons.*
    Imit emini,   *imitez.*
    Imit antor,   *qu'ils imitent.*

SUBJONCTIF.

PRÉSENT.

S. Imit er,   *que j'imite.*
    Imit eris *ou* imit ere,   *que tu imites.*
    Imit etur,   *qu'il imite.*
P. Imit emur,   *que nous imitions.*
    Imit emini,   *que vous imitiez.*
    Imit entur,   *qu'ils imitent.*

IMPARFAIT.

S. Imit arer,   *que j'imitasse.*
    Imit areris *ou* imit arere, *que tu imitasses.*
    Imit aretur,   *qu'il imitât.*

P. Imit aremur,   *que nous imitassions.*
   Imit aremini,   *que vous imitassiez.*
   Imit arentur,   *qu'ils imitassent.*

Autrement pour le conditionnel présent français :
J'imiterais, tu imiterais, il imiterait ; nous imiterions, vous imiteriez, ils imiteraient.

PARFAIT (*il se décline*).

S. Imitatus sim *ou* fuerim,   *que j'aie imité.*
   Imitatus sis *ou* fueris,   *que tu aies imité.*
   Imitatus sit *ou* fuerit,   *qu'il ait imité.*
P. Imitati simus *ou* fuerimus,   *que nous ayons imité.*
   Imitati sitis *ou* fueritis,   *que vous ayez imité.*
   Imitati sint *ou* fuerint,   *qu'il aient imité.*

PLUS-QUE-PARFAIT (*il se décline*).

S. Imitatus essem *ou* fuissem,   *que j'eusse imité.*
   Imitatus esses *ou* fuisses,   *que tu eusses imité.*
   Imitatus esset *ou* fuisset,   *qu'il eût imité.*
P. Imitati essemus *ou* fuissemus, *que nous eussions imité.*
   Imitati essetis *ou* fuissetis, *que vous eussiez imité.*
   Imitati essent *ou* fuissent,   *qu'ils eussent imité.*

Autrement pour le conditionnel passé français :
J'aurais imité, tu aurais imité, il aurait imité ; nous aurions imité, vous auriez imité, ils auraient imité.

INFINITIF.

PRÉSENT.

Imit ari, *imiter.*

PARFAIT.

Imitat um, imitat am esse *ou* fuisse, *avoir imité.*

FUTUR.

Imitat urum, imitat uram esse (*déclinable*), *devoir imiter.*

FUTUR ANTÉRIEUR.

Imitat urum, imitat uram fuisse (*déclinable*), *avoir dû imiter.*

PARTICIPE PRÉSENT.

Imit ans, imit antis, *imitant.*

PARTICIPE PASSÉ ACTIF.

Imitat us, imitat a, imitat um, *ayant imité.*

PARTICIPE FUTUR ACTIF.

Imitat urus, imitat ura, imat urum, *devant imiter.*

PARTICIPE FUTUR PASSIF.

Imit andus, imit anda, imit andum, *devant être imité.*

SUPINS.

Imitat um,	*à imiter.*
Imitat u,	*à être imité.*

GÉRONDIFS.

Imit andi,	*d'imiter.*
Imit ando,	*en imitant.*
Imit andum,	*à imiter* ou *pour imiter.*

Ainsi se conjuguent *mirari, miror,* admirer; *hortari, hortor,* exhorter; *precari, precor,* prier; *venerari, veneror,* respecter.

Il suffira, pour les autres verbes déponents, d'indiquer la première personne dans chaque temps composé.

VERBE DÉPONENT DE LA SECONDE CONJUGAISON.

SUR MON EOR.

INDICATIF.

PRÉSENT.

S. Pollic eor,	*je promets.*
Pollic eris, *ou* pollic ere,	*tu promets*
Pollic etur,	*il promet.*
P. Pollic emur,	*nous promettons.*
Pollic emini,	*vous promettez.*
Pollic entur,	*ils promettent.*

IMPARFAIT.

S. Pollic ebar,	*je promettais,*
Pollic ebaris *ou* pollic ebare,	*tu promettais.*
Pollic ebatur,	*il promettait.*

P. Pollic ebamur,   *nous promettions.*
     Pollic ebamini,   *vous promettiez.*
     Pollic ebantur,   *ils promettaient.*

PARFAIT.

Pollicitus sum *ou* fui, *j'ai promis,* etc.

PLUS-QUE-PARFAIT.

Pollicitus eram *ou* fueram, *j'avais promis,* etc.

FUTUR.

S. Pollic ebor,   *je promettrai.*
     Pollic eberis *ou* pollic ebere, *tu promettras.*
     Pollic ebitur,   *Il promettra.*
P. Pollic ebimur,   *nous promettrons.*
     Pollic ebimini,   *vous promettrez.*
     Pollic ebuntur,   *ils promettront.*

FUTUR ANTÉRIEUR.

Pollicit us ero *ou* fuero, *j'aurai promis,* etc.

IMPÉRATIF.

Point de première personne au singulier.

S. Pollic ere *ou* pollic etor, *promets.*
     Pollic etor (ille),   *qu'il promette.*
P. Pollic eamur,   *promettons.*
     Pollic emini,   *promettez.*
     Pollic entor,   *qu'ils promettent.*

SUBJONCTIF.

PRÉSENT.

S. Pollic ear,   *que je promette.*
     Pollic earis *ou* pollic eare, *que tu promettes.*
     Pollic eatur,   *qu'il promette.*
P. Pollic eamur,   *que nous promettions.*
     Pollic eamini,   *que vous promettiez.*
     Pollic eantur,   *qu'ils promettent.*

IMPARFAIT.

S. Pollic erer,   *que je promisse.*
     Pollic ereris *ou* pollic erere, *que tu promisses.*
     Pollic eretur,   *qu'il promit.*

P. Pollic eremur,   *que nous promissions.*
Pollic eremini,   *que vous promissiez.*
Pollic erentur,   *qu'ils promissent.*

Autrement pour le conditionnel présent français :
Je promettrais, tu promettrais, il promettrait; nous pro-mettrions, vous promettriez, ils promettraient.

PARFAIT.

Pollicitus sim *ou* fuerim, *que j'aie promis,* etc.

PLUS-QUE-PARFAIT.

Pollicitus essem *ou* fuissem, *que j'eusse promis,* etc.

INFINITIF.

PRÉSENT.

Pollic eri, *promettre.*

PARFAIT.

Pollicit um, pollicit am esse *ou* fuisse, *avoir promis.*

FUTUR (*il se décline*).

Pollicit urum, pollicit uram esse, *devoir promettre.*

FUTUR ANTÉRIEUR (*il se décline*).

Pollicit urum, pollicit uram fuisse, *avoir dû promettre.*

PARTICIPE PRÉSENT.

Pollic ens, pollic entis, *promettant.*

PARTICIPE PASSÉ ACTIF.

Pollicit us, pollicit a, pollicit um, *ayant promis.*

PARTICIPE FUTUR ACTIF.

Pollicit urus, pollicit ura, pollicit urum, *devant pro-mettre.*

PARTICIPE FUTUR PASSIF.

Pollic endus, pollic enda, pollic endum, *devant être promis.*

SUPINS.

Pollicit um,   *à promettre.*
Pollicit u,   *à être promis.*

GÉRONDIFS

Pollic endi,	*de promettre.*
Pollic endo,	*en promettant.*
Pollic endum,	*à promettre* ou *pour promettre.*

Ainsi se conjuguent *misereri*, *misereor*, avoir pitié; *vereri*, *vereor*, craindre; *fateri*, *fateor*, avouer.

VERBE DÉPONENT DE LA TROISIÈME CONJUGAISON.

SUR LEG OR.

INDICATIF.

PRÉSENT.

S. Ut or,	*je me sers.*
Ut eris *ou* ut ere,	*tu te sers.*
Ut itur,	*il se sert.*
P. Ut imur,	*nous nous servons.*
Ut imini,	*vous vous servez.*
Ut untur,	*ils se servent.*

IMPARFAIT,

S. Ut ebar,	*je me servais.*
Ut ebaris, *ou* ut ebare,	*tu te servais.*
Ut ebatur,	*il se servait.*
P. Ut ebamur,	*nous nous servions.*
Ut ebamini,	*vous vous serviez.*
Ut ebantur,	*ils se servaient.*

PARFAIT.

Us us sum *ou* fui, *je me suis servi,* etc.

PLUS-QUE-PARFAIT.

Us us eram *ou* fueram, *je m'étais servi,* etc.

FUTUR

S. Ut ar,	*je me servirai.*
Ut eris *ou* ut ere,	*tu te serviras.*
Ut etur,	*il se servira.*

P. Ut emur,   *nous nous servirons.*
    Ut emini,   *vous vous servirez.*
    Ut entur,   *ils se serviront.*

FUTUR ANTÉRIEUR.

Us us ero *ou* fuero, *je me serai servi,* etc.

IMPÉRATIF.

Point de première personne au singulier.

S. Ut ere *ou* ut itor,   *sers-toi.*
    Ut itor (ille),   *qu'il se serve.*
P. Ut amur,   *servons-nous.*
    Ut imini,   *servez-vous.*
    Ut untor,   *qu'ils se servent.*

SUBJONCTIF.

PRÉSENT.

S. Ut ar,   *que je me serve.*
    Ut aris *ou* ut are,   *que tu te serves.*
    Ut atur,   *qu'il se serve.*
P. Ut amur,   *que nous nous servions.*
    Ut amini,   *que vous serviez.*
    Ut antur,   *qu'ils se servent.*

IMPARFAIT.

S. Utere r,   *que je me servisse* ou *je me servirais.*
    Utere ris *ou* utere re,   *que tu te servisses.*
    Utere tur,   *qu'il se servît.*
P. Utere mur,   *que nous nous servissions.*
    Utere mini,   *que vous vous servissiez.*
    Utere ntur,   *qu'ils se servissent.*

PARFAIT.

Us us sim *ou* fuerim, *que je me sois servi,* etc.

PLUS-QUE-PARFAIT.

Us us essem *ou* fuissem, *que je me fusse servi* ou *je me*
                                [*serais servi,* etc.

INFINITIF.

PRÉSENT

Ut i, *se servir.*

PARFAIT.

Us um, us am esse *ou* fuisse (*déclin.*), *s'être servi.*

FUTUR.

Us urum, us uram esse (*déclin.*), *devoir se servir.*

FUTUR ANTÉRIEUR.

Us urum, us uram fuisse (*déclin.*), *avoir dû se servir.*

PARTICIPE PRÉSENT

Ut ens, ut entis, *se servant.*

PARTICIPE PASSÉ ACTIF.

Us us, us a, us um, *s'étant servi.*

PARTICIPE FUTUR ACTIF.

Us urus, us ura, us urum, *devant se servir.*

PARTICIPE FUTUR PASSIF.

Ut endus, ut enda, ut endum, *dont on doit se servir.*

SUPINS.

Us um,	*à se servir.*
Usu,	*à être servi.*

GÉRONDIFS.

Ut endi,	*de se servir.*
Ut endo,	*en se servant.*
Ut endum,	*à se servir* ou *pour se servir.*

Ainsi se conjuguent *sequi, sequor,* suivre; *loqui, loquor,* parler; *ulcisci, ulciscor,* venger; *nasci, nascor,* naître.

VERBE DÉPONENT DE LA QUATRIÈME CONJUGAISON.

SUR AUD IOR.

INDICATIF.

PRÉSENT.

S. Bland ior,	*je flatte.*
Bland iris *ou* Bland ire,	*tu flattes.*
Bland itur,	*il flatte.*

P. Bland imur,   *nous flattons.*
   Bland imini,   *vous flattez.*
   Bland iuntur,   *ils flattent.*

IMPARFAIT.

S. Bland iebar,   *je flattais.*
   Bland iebaris *ou* bland iebare, *tu flattais.*
   Bland iebatur,   *il flattait.*
P. Bland iebamur,   *nous flattions.*
   Bland iebamini,   *vous flattiez.*
   Bland iebantur,   *ils flattaient.*

PARFAIT.

Blandit us sum *ou* fui, *j'ai flatté,* etc.

PLUS-QUE-PARFAIT.

Blandit us eram *ou* fucram, *j'avais flatté,* etc.

FUTUR.

S. Bland iar,   *je flatterai.*
   Bland ieris *ou* bland iere, *tu flatteras.*
   Bland ietur,   *il flattera.*
P. Bland iemur,   *nous flatterons.*
   Bland iemini,   *vous flatterez.*
   Bland ientur,   *ils flatteront.*

FUTUR ANTÉRIEUR.

Blanditus ero *ou* fuero, *j'aurai flatté,* etc.

IMPÉRATIF.

Point de première personne au singulier.

S. Bland ire *ou* bland itor, *flatte.*
   Bland itor (ille),   *qu'il flatte.*
P. Bland iamur,   *flattons.*
   Bland imini,   *flattez.*
   Bland iuntor,   *qu'ils flattent.*

SUBJONCTIF.

PRÉSENT.

S. Bland iar,   *que je flatte.*
   Bland iaris *ou* bland iare, *que tu flattes.*
   Bland iatur,   *qu'il flatte.*

P. Bland iamur,   *que nous flattions.*
Bland iamini,   *que vous flatliez.*
Bland iantur,   *qu'ils flattent.*

IMPARFAIT.

S. Bland irer,   *que je flattasse.*
Bland ireris *ou* bland irere, *que tu flattasses.*
Bland iretur,   *qu'il flattât.*
P. Bland iremur,   *que nous flattassions.*
Bland iremini,   *que vous flattassiez.*
Bland irentur,   *qu'ils flattassent.*

PARFAIT.

Blanditus sim *ou* fuerim, *que j'aie flatté,* etc.

PLUS-QUE-PARFAIT.

Blanditus essem *ou* fuissem, *que j'eusse flatté* ou *j'au-*
[*rais flatté,* etc.

INFINITIF.

PRÉSENT.

Bland iri, *flatter.*

PARFAIT.

Blandit um, blandit am esse (*décl.*), *avoir flatté.*

FUTUR.

Blandit urum, blandit uram esse (*déclinable*), *devoir*
[*flatter.*

FUTUR ANTÉRIEUR.

Blandit urum, blandit uram fuisse (*déclin.*), *avoir dû*
[*flatter.*

PARTICIPE PRÉSENT.

Bland iens, bland ientis, *flattant.*

PARTICIPE FUTUR ACTIF.

Blandit urus, blandit ura, blandit urum, *devant flatter.*

SUPINS.

Blandit um,   *à flatter.*
Blandit u,   *à être flatté.*

GÉRONDIFS.

Bland iendi,   *de flatter.*
Bland iendo,   *en flattant.*
Bland iendum,   *à flatter* ou pour *flatter.*

Ainsi se conjuguent *largiri, largior,* donner; *experiri, experior,* éprouver; *metiri, metior,* mesurer; *partiri, partior,* partager.

REMARQUE. Dans les verbes déponents la seconde personne de l'impératif est toujours semblable à la seconde personne du présent de l'indicatif en *re.*

Ajoutez *r* à la seconde personne de l'impératif, vous aurez l'imparfait du subjonctif : *imitare, imitarer; pollicere, pollicerer ; utere, uterer; blandire, blandirer.*

RÈGLE DES VERBES DÉPONENTS.

I. *Miserere pauperis.*

Il y a des verbes déponents qui gouvernent le génitif.

Ayez pitié du pauvre, *miserere pauperis.*

II. *Blanditur nutrici.*

Il y a des verbes déponents qui gouvernent le datif.
Il caresse *ou* il flatte la nourrice, *blanditur nutrici.*

III. *Imitor patrem meum.*

Il y a des verbes déponents qui gouvernent l'accusatif.

EXEMPLES.

J'imite mon père, *imitor patrem meum ;* vous avez promis une récompense, *pollicitus es mercedem.*

IV. *Utor lacte.*

Il y a des verbes déponents qui gouvernent l'ablatif.

Je fais usage du lait, *utor lacte.*

Le dictionnaire indique à chaque verbe déponent le cas qu'il régit.   5*

VERBES NEUTRES.

On appelle en français verbes neutres ceux qui n'ont pas de régime direct, ou bien après lesquels on ne peut pas mettre *quelqu'un, quelque chose;* ainsi *languir, dormir* sont des verbes neutres, parce qu'on ne peut pas dire *languir* quelqu'un, *dormir* quelque chose.

On appelle en latin verbes neutres ceux qui se conjuguent comme les verbes actifs, mais qui n'ont pas de passif, comme *noceo,* je nuis; *studeo,* j'étudie; *faveo,* je favorise. On les appelle neutres parce qu'ils ne sont ni actifs ni passifs.

La plupart des verbes neutres gouvernent le datif.

EXEMPLES.

Il nuit aux autres, *nocet aliis;* j'étudie la grammaire, *studeo grammaticæ;* tu favorises la noblesse, *faves nobilitati.*

VERBES IMPERSONNELS.

On appelle verbes unipersonnels ou impersonnels, ceux qui n'ont dans tous les temps que la troisième personne du singulier.

IMPERSONNEL ACTIF ET NEUTRE.

OPORTET, IL FAUT.

INDICATIF.

PRÉSENT.

Oportet, *il faut.*

IMPARFAIT.

Oportebat, *il fallait.*

PARFAIT.

Oportuit, *il a fallu.*

PLUS-QUE-PARFAIT.

Oportuerat, *il avait fallu.*

FUTUR.

Oportebit, *il faudra.*

FUTUR ANTÉRIEUR.

Oportuerit, *il aura fallu.*

SUBJONCTIF.

PRÉSENT.

Oporteat, *qu'il faille.*

IMPARFAIT.

Oporteret, *qu'il fallût,* ou
[*il faudrait.*

PARFAIT.

Oportuerit, *qu'il ait fallu.*

PLUS-QUE-PARFAIT.

Oportuisset, *qu'il eût fallu.*

INFINITIF.

PRÉSENT.

Oportere, *falloir.*

PARFAIT.

Oportuisse, *avoir fallu.*

Ainsi se conjuguent *decet*, il convient : *licet*, il est permis ; *libet*, il plaît ; *liquet*, il est clair.

VERBE PŒNITET.

Ce verbe se conjugue dans tous ses temps avec les pronoms accusatifs *me, te, illum, illam* (ou un nom) au singulier ; et *nos, vos, illos, illas* (ou un nom) au pluriel.

INDICATIF.

PRÉSENT.

Sing.	Me Pœnitet,	*je me repens.*
	te Pœnitet,	*tu te repens.*
Illum, illam Pœnitet,		*il* ou *elle se repent.*
Plur.	nos Pœnitet,	*nous nous repentons.*
	vos Pœnitet,	*vous vous repentez.*
Illos,	illas Pœnitet,	*ils* ou *elles se repentent.*

IMPARFAIT.

Me Pœnitebat, *je me repentais.*

PARFAIT.

Me Pœnituit, *je me suis repenti.*

PLUS-QUE-PARFAIT.

Me Pœnituerat, *je m'étais repenti.*

FUTUR.

Me Pœnitebit, *je me repentirai.*

FUTUR ANTÉRIEUR.

Me Pœnituerit, *je me serai repenti.*

SUBJONCTIF.

PRÉSENT.

Me Pœniteat, *que je me repente.*

IMPARFAIT.

Me Pœniteret, *que je me repentisse* ou *je me re-*
[*tirais.*

PARFAIT.

Me Pœnituerit, *que je me sois repenti.*

PLUS-QUE-PARFAIT.

Me Pœnituisset, *que je me fusse repenti* ou *je me*
[*serais repenti.*

INFINITIF.

PRÉSENT.

Pœnitere, *se repentir.*

PARFAIT.

Pœnituisse, *s'être repenti.*

PARTICIPE PRÉSENT.

Pœnitens, pœnitentis, *se repentant.*

PARTICIPE FUTUR PASSIF.

Pœnitendus, pœnitenda, pœnitendum, *dont on doit se*
[*repentir.*

GÉRONDIFS.

Pœnitendi,   *de se repentir.*
Pœnitendo,   *en se repentant.*
Pœnitendum,   *à* ou *pour se repentir.*

Ainsi se conjuguent *me pudet,* j'ai honte ; *me piget,* je suis fâché ; *me tædet,* je m'ennuie ; *me miseret,* j'ai compassion.

IMPERSONNEL PASSIF.

L'impersonnel passif est la troisième personne du singulier passif dans tous ses temps.

DICITUR, ON DIT.

INDICATIF.

PRÉSENT.

Dicitur, *on dit.*

IMPARFAIT.

Dicebatur, *on disait.*

PARFAIT.

Dictum est *ou* fuit, *on a dit.*

PLUS-QUE-PARFAIT.

Dictum erat *ou* fuerat, *on [avait dit.*

FUTUR.

Dicetur, *on dira.*

FUTUR ANTÉRIEUR.

Dictum erit *ou* fuerit, *on [aura dit.*

SUBJONCTIF.

PRÉSENT.

Dicatur, *qu'on dise.*

IMPARFAIT.

Diceretur, *qu'on dît.*

PARFAIT.

Dictum sit *ou* fuerit, *qu'on [ait dit.*

PLUS-QUE-PARFAIT.

Dictum esset *ou* fuisset, *[qu'on eût dit.*

REMARQUE. On peut faire impersonnels tous les verbes actifs et neutres.

VERBES IRRÉGULIERS.

On appelle *irréguliers* les verbes qui, dans quelques-uns de leurs temps ou dans quelques-unes de leurs personnes, se conjuguent autrement que les verbes dont nous avons déjà parlé.

VERBES IRRÉGULIERS COMPOSÉS DE SUM.

POSSUM, JE PEUX.

INDICATIF.

PRÉSENT.

Sing. Possum,   *je peux* ou *je puis.*
Potes,   *tu peux.*
Potest,   *il peut.*
Plur. Possumus,   *nous pouvons.*
Potestis,   *vous pouvez.*
Possunt,   *ils peuvent.*

IMPARFAIT.

Sing. Poteram, *je pouvais.* Poteras, *etc.*

PARFAIT.

Sing. Potui, *j'ai pu.* Potuisti, etc.

PLUS-QUE-PARFAIT.

Sing. Potueram, *j'avais pu.* Potueras, etc.

FUTUR.

Sing. Potero, *je pourrai.* Poteris, etc.

FUTUR ANTÉRIEUR.

Sing. Potuero, *j'aurai pu.* Potueris, etc.

SUBJONCTIF.

PRÉSENT.

Sing. Possim, *que je puisse.* Possis, etc.

IMPARFAIT.

Sing. Possem, *que je pusse* ou *je pourrais.*

PARFAIT.

Sing. Potuerim, *que j'aie pu.*

PLUS-QUE-PARFAIT.

Sing. Potuissem, *que j'eusse pu* ou *j'aurais pu.*

INFINITIF.

PRÉSENT.

Posse, *pouvoir.*

PARFAIT.

Potuisse, *avoir pu.*

PROSUM, JE SERS.

INDICATIF.

PRÉSENT.

Sing.	Prosum,	*je sers.*
	Prodes,	*tu sers.*
	Prodest,	*il sert.*
Plur.	Prosumus,	*nous servons,*
	Prodestis,	*vous servez.*
	Prosunt,	*ils servent.*

IMPARFAIT.

Proderam, *je servais,* etc.

PARFAIT.

Profui, *j'ai servi,* etc.

Profueram, *j'avais servi,* etc.

FUTUR.

Prodero, *je servirai,* etc.

FUTUR ANTÉRIEUR.

Profuero, *j'aurai servi,* etc.

IMPÉRATIF.

Sing. Prodes *ou* prodesto,   *sers.*
     Prodesto (ille),   *qu'il serve.*
Plur. Prosimus,   *servons.*
     Prodeste *ou* prodestote, *servez.*
     Prosunto,   *qu'ils servent.*

SUBJONCTIF.

PRÉSENT.

Sing. Prosim, *que je serve,* etc.

IMPARFAIT.

Prodessem, *que je servisse* ou *je servirais,* etc.

PARFAIT.

Profuerim, *que j'aie servi,* etc.

PLUS-QUE-PARFAIT.

Profuissem, *que j'eusse servi* ou *j'aurais servi,* etc.

INFINITIF.

PRÉSENT

Prodesse, *servir.*

PARFAIT.

Profuisse, *avoir servi.*

FUTUR.

Profuturum esse, *devoir servir.*

FUTUR ANTÉRIEUR.

Profuturum fuisse, *qu'il eût* ou *aurait servi.*

PARTICIPE FUTUR.

Profuturus, a, um, *devant servir.*

5**

VERBES IRRÉGULIERS DE LA TROISIÈME CONJUGAISON.

ACTIF.

INDICATIF.

PRÉSENT.

Sing.	Fero,	*je porte.*
	Fers,	*tu portes.*
	Fert,	*il porte.*
Plur.	Ferimus	*nous portons.*
	Fertis,	*vous portez.*
	Ferunt,	*ils portent.*

IMPARFAIT.

Sing. Ferebam,   *je portais*, etc.

PARFAIT.

Sing. Tuli,   *j'ai porté*, etc.

PLUS-QUE-PARFAIT.

Sing. Tuleram,   *j'avais porté*, etc.

FUTUR.

Sing. Feram,   *je porterai*, etc.

FUTUR ANTÉRIEUR.

Sing. Tulero,   *j'aurai porté*, etc.

IMPÉRATIF.

Sing.	Fer *ou* ferto,	*porte.*
	Ferto (ille),	*qu'il porte.*
Plur.	Feramus,	*portons.*
	Ferte *ou* fertote,	*portez.*
	Ferunto,	*qu'ils portent.*

SUBJONCTIF.

PRÉSENT.

Sing. Feram, *que je porte*, etc.

IMPARFAIT.

Sing. Ferrem, *que je portasse* ou *je porterais*, etc.

PARFAIT.

Sing. Tulerim, *que j'aie porté*, etc.

PLUS-QUE-PARFAIT.

Sing. Tulissem, *que j'eusse porté* ou *j'aurais porté*, etc.

INFINITIF.

PRÉSENT.

Ferre, *porter.*

PARFAIT.

Tulisse, *avoir porté.*

FUTUR.

Laturum esse, *devoir porter.*

FUTUR ANTÉRIEUR.

Laturum fuisse, *avoir dû porter.*

PARTICIPE PRÉSENT.

Ferens, ferentis, *portant.*

PARTICIPE FUTUR.

Laturus, latura, laturum, *devant porter.*

SUPIN.

Latum, *à porter.*

GÉRONDIFS.

Ferendi,   *de porter.*
Ferendo,   *en portant.*
Ferendum,   *à porter* ou *pour porter.*

Ainsi se conjuguent les composés de *fero*, comme : *offero, offers, obtuli, oblatum, offerre*, offrir; *differo, differs, distuli, dilatum, differre,* différer, etc.

PASSIF.

INDICATIF.

PRÉSENT.

Sing. Feror,   *je suis porté.*
       Ferris *ou* ferre,   *tu es porté.*
       Fertur,   *il est porté.*
Plur. Ferimur,   *nous sommes portés.*
       Ferimini,   *vous êtes portés.*
       Feruntur,   *ils sont portés.*

IMPARFAIT.

Sing. Ferebar, *j'étais porté.*

PARFAIT.

Latus sum *ou* fui, *j'ai été porté.*

PLUS-QUE-PARFAIT.

Latus eram *ou* fueram, *j'avais été porté,* etc.

FUTUR.

Ferar, *je serai porté,* etc.

FUTUR ANTÉRIEUR.

Latus ero *ou* fuero, *j'aurai été porté,* etc.

IMPÉRATIF.

Point de première personne au singulier.

Sing.	Ferre *ou* fertor,	*sois porté.*
	Fertor (ille),	*qu'il soit porté.*
Plur.	Feramur,	*soyons portés.*
	Ferimini,	*soyez portés.*
	Feruntor,	*qu'ils soient portés.*

SUBJONCTIF.

PRÉSENT.

Ferar, *que je sois porté.*

IMPARFAIT.

Ferrer, *que je fusse porté* ou *je serais porté,* etc.

PARFAIT.

Latus sim *ou* fuerim, *que j'aie été porté,* etc.

PLUS-QUE-PARFAIT.

Latus essem *ou* fuissem, *que j'eusse été porté,* etc.

INFINITIF.

PRÉSENT.

Ferri, *être porté.*

PARFAIT.

Latum esse *ou* fuisse, *avoir été porté.*

FUTUR

Latum iri *ou* ferendum esse, *devoir être porté.*

FUTUR ANTÉRIEUR.

Ferendum fuisse, *avoir dû être porté.*

PARTICIPE PASSÉ.

Latus, lata, latum, *porté, ayant été porté.*

PARTICIPE FUTUR.

Ferendus, ferenda, ferendum, *devant être porté.*

SUPIN.

Latu, *à être porté.*

NEUTRE PASSIF.

De la troisième conjugaison.

INDICATIF.

PRÉSENT.

Sing. Fido,   *je me fie.*
  Fidis,   *tu te fies.*
  Fidit,   *il se fie.*
Plur. Fidimus,   *nous nous fions.*
  Fiditis,   *vous vous fiez.*
  Fidunt,   *ils se fient.*

IMPARFAIT.

Fidebam, *je me fiais,* etc.

PARFAIT.

Fisus sum *ou* fui, *je me suis fié,* etc.

PLUS-QUE-PARFAIT.

Fisus eram *ou* fueram, *je m'étais fié,* etc.

FUTUR.

Fidam, *je me fierais,* etc.

FUTUR ANTÉRIEUR.

Fisus ero *ou* fuero, *je me serai fié,* etc.

IMPÉRATIF.

Fide *ou* fidito, *fie-toi,* etc.

SUBJONCTIF.

PRÉSENT.

Fidam, *que je me fie,* etc.

IMPARFAIT.

Fiderem, *que je me fiasse* ou *je me fierais,* etc.

PARFAIT.

Fisus sim *ou* fuerim, *que je me sois fié,* etc.

PLUS-QUE-PARFAIT.

Fisus essem *ou* fuissem, *que je me fusse fié* ou *je me [serais fié, etc.*

INFINITIF.

PRÉSENT.

Fidere, *se fier,* etc.

PARFAIT.

Fisum, fisam esse *ou* fuisse, *s'être fié.*

FUTUR.

Fisurum esse, *devoir se fier.*

FUTUR ANTÉRIEUR.

Fisurum fuisse, *avoir dû se fier.*

PARTICIPE PRÉSENT.

Fidens, fidentis, *se fiant.*

PARTICIPE FUTUR.

Fisurus, fisura, fisurum, *devant se fier.*

GÉRONDIFS

Fidendi,   *de se fier.*
Fidendo,   *en se fiant.*
Fidendum,   *à* ou *pour se fier.*

VERBES IRRÉGULIERS DE LA QUATRIÈME CONJUGAISON.

NEUTRE ACTIF.

INDICATIF.

PRÉSENT.

Sing. Eo,   *je vais.*
        Is,   *tu vas.*
        It,   *il va.*
Plur. Imus,   *nous allons.*
        Itis,   *vous allez.*
        Eunt,   *ils vont.*

IMPARFAIT,

Ibam, *j'allais.* Ibas, etc.

PARFAIT.

Ivi, *je suis allé.* Ivisti, etc.

PLUS-QUE-PARFAIT.

Iveram, *j'étais allé.* Iveras, etc.

FUTUR.

Ibo, *j'irai.* Ibis, etc.

FUTUR ANTÉRIEUR.

Ivero, *je serai allé.* Iveris, etc.

IMPÉRATIF.

Sing. I *ou* ito,   *va.*
     Ito (ille),   *qu'il aille.*
Plur. Eamus,   *allons.*
     Ite *ou* itote,   *allez.*
     Eunto,   *qu'ils aillent.*

SUBJONCTIF.

PRÉSENT.

Eam, *que j'aille.* Eas, etc.

IMPARFAIT.

Irem, *que j'allasse.* Ires, etc.

PARFAIT.

Iverim, *que je sois allé.* Iveris, etc.

PLUS-QUE-PARFAIT.

Ivissem, *que je fusse allé.* Ivisses, etc.

INFINITIF.

PRÉSENT.

Ire, *aller.*

PARFAIT.

Ivisse, *être allé.*

FUTUR.

Iturum esse, *devoir aller.*

FUTUR ANTÉRIEUR.

Iturum fuisse, *avoir dû aller.*

PARTICIPE PRÉSENT.

Iens, euntis, *allant.*

PARTICIPE FUTUR.

Iturus, itura, iturum, *devant aller.*

SUPINS.

    Itum,   *à aller.*
    Itu,   *à être allé.*

GÉRONDIFS.

  Eundi,   *d'aller.*
  Eundo,   *en allant.*
  Eundum,   *à ou pour aller.*

Ainsi se conjuguent *exire, exeo, is,* sortir; *perire, pereo, is,* périr; *redire, redeo, is,* revenir; *adire, adeo, is,* aller trouver; *transire, transeo, is; præterire, prætereo, is,* passer outre *ou* auprès.

NEUTRE PASSIF.

Quand *fio* signifie *je suis fait,* c'est le passif du verbe *facere,* faire.

INDICATIF.

PRÉSENT.

Sing.	Fio,	*je deviens* ou *je suis fait.*
	Fis,	*tu deviens.*
	Fit,	*il devient.*
Plur.	Fimus,	*nous devenons.*
	Fitis,	*vous devenez.*
	Fiunt,	*ils deviennent.*

IMPARFAIT.

Fiebam, *je devenais.* Fiebas, etc.

PARFAIT.

Factus sum *ou* fui, *je suis devenu,* etc.

PLUS-QUE-PARFAIT.

Factus eram *ou* fueram, *j'étais devenu,* etc.

FUTUR.

Fiam, *je deviendrai.* Fies, etc.

FUTUR ANTÉRIEUR.

Factus ero *ou* fuero, *je serai devenu.*

IMPÉRATIF.

Sing.	Fi,	*deviens.*
Plur.	Fite *ou* fitote,	*devenez.*

SUBJONCTIF.

PRÉSENT.

Fiam, *que je devienne.* Fias, etc.

IMPARFAIT.

Fierem, *que je devinsse* ou *je deviendrais.* Fieres, etc.

PARFAIT.

Factus sim *ou* fuerim, *que je sois devenu,* etc.

PLUS-QUE-PARFAIT.

Factus essem *ou* fuissem, *que je fusse devenu,* etc.

INFINITIF.

PRÉSENT.

Ficri, *devenir.*

PARFAIT.

Factum esse *ou* fuisse, *être devenu.*

FUTUR.

Factum iri *ou* faciendum esse, *devoir être fait.*

FUTUR ANTÉRIEUR.

Faciendum fuisse, *avoir dû être fait.*

PARTICIPE PASSÉ.

Factus, a, um, *étant devenu* ou *ayant été fait.*

PARTICIPE FUTUR.

Faciendus, a, um, *devant être fait.*

SUPIN.

Factu, *à devenir* ou *à être fait.*

Autres verbes irréguliers.

VOLO ET SES COMPOSÉS.

INDICATIF.

PRÉSENT.

Sing.	Volo,	*je veux.*
	Vis,	*tu veux.*
	Vult,	*il veut.*
Plur.	Volumus,	*nous voulons.*
	Vultis,	*vous voulez.*
	Volunt,	*ils veulent.*

IMPARFAIT.

Volebam, *je voulais.* Volebas, etc.

PARFAIT.

Volui, *j'ai voulu.* Voluisti, etc.

PLUS-QUE-PARFAIT.

Volueram, *j'avais voulu.* Volueras, etc.

FUTUR.

Volam, *je voudrai.* Voles, etc.

FUTUR ANTÉRIEUR.

Voluero, *j'aurai voulu.* Volueris, etc.

SUBJONCTIF.

PRÉSENT.

Sing. Velim,   *que je veuille.*

Velis,   *que tu veuilles.*
Velit,   *qu'il veuille.*

Plur. Velimus,   *que nous voulions.*
Velitis,   *que vous vouliez.*
Velint,   *qu'ils veuillent.*

IMPARFAIT.

Vellem, *que je voulusse* ou *je voudrais.* Velles, etc.

PARFAIT.

Voluerim, *que j'aie voulu*, etc.

PLUS-QUE-PARFAIT.

Voluissem, *que j'eusse voulu* ou *j'aurais voulu.* Vo-
[luisses, etc.

INFINITIF.

PRÉSENT.

Velle, *vouloir.*

PARFAIT.

Voluisse, *avoir voulu.*

PARTICIPE PRÉSENT.

Volens, volentis, *voulant.*

Ainsi se conjuguent *nolo*, je ne veux pas; et *malo*, j'aime mieux.

NOLO, JE NE VEUX PAS.

INDICATIF.

PRÉSENT.

Sing. Nolo,   *je ne veux pas.*
Non vis,   *tu ne veux pas.*
Non vult,   *il ne veut pas.*

Plur. Nolumus,   *nous ne voulons pas.*
Non vultis,   *vous ne voulez pas.*
Nolunt,   *ils ne veulent pas.*

IMPÉRATIF.

Point de première personne au singulier.

Sing. Noli *ou* nolito,   *ne veuille pas.*
Nolito (ille),   *qu'il ne veuille pas.*

Plur. Nolimus,   *ne veuillons pas.*
Nolite *ou* nolitote,   *ne veuillez pas.*
Nolunto,   *qu'ils ne veuillent pas.*

SUBJONCTIF.

PRÉSENT.

Nolim, *que je ne veuille pas.*

INFINITIF.

PRÉSENT.

Nolle, *ne vouloir pas.*

MALO, J'AIME MIEUX.

INDICATIF.

PRÉSENT.

Sing. Malo,   *j'aime mieux.*
Mavis,   *tu aimes mieux.*
Mavult,   *il aime mieux.*
Plur. Malumus,   *nous aimons mieux.*
Mavultis,   *vous aimez mieux.*
Malunt,   *ils aiment mieux.*

SUBJONCTIF.

PRÉSENT.

Malim, *que j'aime mieux,* etc.

INFINITIF

PRÉSENT.

Malle, *aimer mieux.*

VERBES DÉFECTUEUX.

On appelle *défectueux* les verbes auxquels il manque plusieurs personnes ou plusieurs temps.

QUEO, JE PEUX *ou* JE PUIS.

INDICATIF.

PRÉSENT.

Sing.	Queo,	*je peux* ou *je puis.*
	Quis,	*tu peux.*
	Quit,	*il peut.*
Plur.	Quimus,	*nous pouvons.*
	Quitis,	*vous pouvez.*
	Queunt,	*ils peuvent.*

IMPARFAIT.

Sing.	Quibam,	*je pouvais,*
Plur.	Quibamus,	*nous pouvions.*

PARFAIT.

Sing.	Quivi,	*j'ai pu.*
Plur.	Quivimus,	*nous avons pu.*

PLUS-QUE-PARFAIT.

Quiveram,	*j'avais pu.*

FUTUR.

Quibo,	*je pourrai.*

FUTUR ANTÉRIEUR.

Quivero,	*j'aurai pu.*

SUBJONCTIF.

PRÉSENT.

Sing.	Queam,	*que je puisse.*
	Queas,	*que tu puisses.*
	Queat,	*qu'il puisse.*
Plur.	Queamus,	*que nous puissions.*
	Queatis,	*que vous puissiez.*
	Queant,	*qu'ils puissent.*

IMPARFAIT.

Sing.	Quirem,	*que je pusse* ou *je pourrais.*
Plur.	Quiremus,	*que nous pussions.*

PARFAIT.

Sing.	Quiverim,	*que j'aie pu.*
Plur.	Quiverimus,	*que nous ayons pu.*

PLUS-QUE-PARFAIT.

Sing. Quivissem,   *que j'eusse pu.*
Plur. Quivissemus, *que nous eussions pu.*

INFINITIF.

PRÉSENT.

Quire,   *pouvoir.*

PARFAIT.

Quivisse,   · *avoir pu.*

Ainsi se conjugue *nequire, nequeo,* ne pouvoir pas.

MEMINI, JE ME SOUVIENS.

INDICATIF.

PRÉSENT.

Sing. Memini,   *je me souviens.*
   Meministi,   *tu te souviens.*
   Meminit,   *il se souvient.*
Plur. Meminimus,   *nous nous souvenons.*
   Meministis,   *vous vous souvenez.*
   Meminerunt *ou* meminere, *ils se souviennent.*

IMPARFAIT.

Sing. Memineram,   *je me souvenais.*
   Memineras,   *tu te souvenais,* etc.

Point de parfait ni de plus-que-parfait.

FUTUR.

Sing. Meminero,   *je me souviendrai.*
   Memineris,   *tu te souviendras.*
   Meminerit,   *il se souviendra.*
Plur. Meminerimus,   *nous nous souviendrons.*
   Memineritis,   *vous vous souviendrez.*
   Meminerint,   *ils se souviendront.*

IMPÉRATIF.

Sing. Memento,   *souviens-toi.*
   Memento (ille), *qu'il se souvienne.*
Plur. Mementote,   *souvenez-vous.*

SUBJONCTIF.

PRÉSENT.

Sing. Meminerim,   *que je me souvienne.*
     Memineris,   *que tu te souviennes,* etc.

IMPARFAIT.

Seng. Meminissem, *que je me souvinsse* ou *je me souvien-*
                                    [*drais,* etc.
     Meminisses, *que tu te souvinsses* ou *tu te souvien-*
                                    [*drais,* etc.

INFINITIF.

PRÉSENT.

Meminisse, *se souvenir.*

Ainsi se conjuguent *novi,* je connais; *cœpi,* je commence; *odi,* fait au parfait *osus sum* ou *fui,* j'ai haï, etc., et au plus-que-parfait *osus eram* ou *fueram,* j'avais haï, etc.

AIO, JE DIS.

INDICATIF.

PRÉSENT.

S. Aio,   *je dis.*
   Ais,   *tu dis.*
   Ait,   *il dit.*
P. Aiunt,   *ils disent.*

IMPARFAIT.

S. Aiebam,   *je disais.*
   Aiebas,   *tu disais.*
   Aiebat,   *il disait.*

PARFAIT.

S. Aisti,   *tu as dit.*
P. Aistis,   *vous avez dit.*

SUBJONCTIF.

PRÉSENT.

S. Aias,   *que tu dises.*
   Aiat,   *qu'il dise.*

PARTICIPE PRÉSENT.

Aiens, aientis, *disant.*

INQUAM, DIS-JE.

INDICATIF.

PRÉSENT.

S. Inquam,   *dis-je.*
   Inquis,   *dis-tu.*
   Inquit,   *dit-il.*
P. Inquimus,   *disons-nous.*
   Inquitis,   *dites-vous.*
   Inquiunt,   *disent-ils.*

IMPARFAIT.

S. Inquiebat,   *disait il.*
P. Inquiebant, *disaient-ils.*

PARFAIT.

S. Inquisti,   *as-tu dit.*
   Inquit,   *a-t-il dit.*
P. Inquistis, *avez-vous-dit.*

FUTUR.

S. Inquies,   *diras-tu.*
Inquiet,   *dira-t-il.*
  IMPÉRATIF.
S. Inque, inquito, *dis.*

SUBJONCTIF.
PRÉSENT.
S. Inquiat, *qu'il dise.*

CINQUIÈME ESPÈCE DE MOTS.

PARTICIPES, GÉRONDIFS ET SUPINS.

I.

Les *participes* sont des adjectifs qui viennent des verbes ; ils s'accordent en genre, en nombre et en cas avec le nom auquel ils sont joints, et de plus ils gouvernent le même cas que le verbe d'où ils viennent ; c'est pour cela qu'on les nomme *participes,* parce qu'ils tiennent de l'adjectif et du verbe.

EXEMPLES.

L'enfant écoutant, devant écouter son maître, *puer audiens, auditurus magistrum suum.*

Un père étant aimé, devant être aimé de son fils, *pater amatus, amandus à filio suo.*

II.
Tempus legendi.

De entre un nom et un infinitif français, veut le verbe latin au gérondif en *di.*

EXEMPLE.

Le temps *de* lire, *tempus legendi.*

III.
Ambulat legendo.

En avec le participe présent veut le verbe latin au gérondif en *do.*

EXEMPLE.

Il se promène *en* lisant, *ambulat legendo.*

IV.

Legit ad discendum.

Pour devant un infinitif français se rend en latin par *ad* avec le gérondif en *dum*.

EXEMPLE.

Il lit *pour* apprendre, *legit ad discendum.*

V.

Res jucunda auditu.

Après les adjectifs, agréable *à*, admirable *à*, facile *à*, l'infinitif français se rend en latin par le supin en *u*.

EXEMPLE.

Chose agréable *à* entendre, c'est-à-dire, *à* être entendue, *res jucunda auditu.*

VI.

Eo lusum.

Quand il y a en français deux verbes de suite, et que le premier marque du mouvement, comme *aller, venir*, on met en latin le second au supin en *um*.

EXEMPLE.

Je vais jouer, *eo lusum.*

Les gérondifs et les supins gouvernent le même cas que les verbes d'où ils viennent : le temps d'étudier la grammaire, *tempus studendi grammaticæ*. (Le verbe *studere* gouverne le datif.)

EXEMPLE.

J'irai les secourir, *ibo adjutum eos.*

SIXIÈME ESPÈCE DE MOTS.

ADVERBES.

L'*Adverbe* est un mot indéclinable qui se joint au verbe ou à l'adjectif, pour en déterminer la signification.

Il y a différentes sortes d'adverbes :

POUR MARQUER LE TEMPS.

Hodiè, *aujourd'hui.*
Cràs, *demain.*
Heri, *hier.*
Pridiè, *le jour de devant.*
Postridiè, *le lendemain.*
Perindiè, *après demain.*

POUR INTERROGER.

Cur, quarè, quamobrem, quid ità, *pourquoi?*
Quorsùm, *à quoi bon cela?*
An, annè, nùm, *est-ce que?*

POUR ASSURER.

Etiam, ità, *oui.*
Certè, sanè, profectò, quidem, *assurément.* (*Quidem* ne se met qu'après un mot).
Equidem, *certes.* (Il ne s'emploie que pour *Ego quidem.*

POUR NIER.

Non, haud, *non, ne, ne point.*
Minimè, *point du tout.*
Nequaquàm, neutiquàm, *nullement.*

POUR MARQUER LE DOUTE.

Forsan, forsitan, fortassè, *peut-être.*
Fortè, *par hasard.*

POUR MARQUER LA RESSEMBLANCE.

Ità, *ainsi.*
Quasi, *comme si.*

Quemadmodùm, *de même que.*
Sic, sicut, sicuti, velut, veluti, ut, uti, *comme, de même que.*
Tanquàm, *comme si, de même que si.*

POUR MARQUER L'UNION.

Simul, unà, *ensemble.*
Pariter, *pareillement.*
Conjonctìm, *conjointement.*
Universatìm, *généralement.*

POUR MARQUER LA DIVISION.

Alioqui (devant une consonne), alioquin (devant une voyelle), *autrement si cela n'était pas.*
Privatim, seorsim, *en particulier, à part.*

POUR MONTRER.

En, eccè, *voici, voilà.*

POUR EXHORTER.

Eia, euge, *courage.*
Age, agedùm (au singulier), agitè, agitedùm, (au pluriel), *hé bien, ferme, courage.*

POUR MARQUER LE DÉSIR.

Utinam, *plaise à Dieu que, Dieu veuille que.*

POUR MARQUER LA MANIÈRE.

Doctè, *savamment.*
Pulchrè, *bien.*
Fortiter, *vaillamment, etc.*

6

Plusieurs adverbes ont un comparatif et un superlatif.

Doctè, *doctement.*	Doctiùs, *plus doctement.*	Doctissimè, *très-doctement.*
Citò, *vite.*	Citiùs, *plus vite.*	Citissimè, *très-vite.*
Benè, *bien.*	Meliùs, *mieux.*	Optimè, *très-bien.*
Malè, *mal.*	Pejùs, *plus mal.*	Pessimè, *très-mal.*
Sæpè, *souvent.*	Sæpiùs, *plus souvent.*	Sæpissimè, *tres-souvent,* etc.
Propè, *proche.*	Propiùs, *plus prcche.*	Proximè, *très-proche,* etc.
Nuper, *récemment.*	} *sans comparatif.*	{ Nuperrimè, *tout récemment.*
sans positif.	{ Potiùs, *plutôt.*	Potissimè, *principalement.*

RÉGIME DE PLUSIEURS ADVERBES.

Les adverbes de quantité veulent le génitif.

Peu de vin, *parùm vini.*

Un peu de délai, *paululùm moræ.*

Beaucoup d'eau, *multùm aquæ.*

Assez de paroles, *satis verborum.*

Trop de piéges, *nimis insidiarum.*

Assez d'autres, *affatim aliorum.*

Les adverbes de temps et de lieu veulent le génitif.

Nulle part, en aucun lieu du monde, *nusquàm gentium.*

En quel lieu du monde? *ubi terrarum* ou *ubinam gentium.*

Pridiè, postridiè, veulent le génitif ou l'accusatif.

Le jour de devant les Calendes, *pridiè Calendarum* ou *Calendas* (sous-entendu *ante*).

Le jour d'après les Ides, *postridiè Iduum* ou *Idus* (sous entendu *post.*)

En, eccè, voici, voilà, veulent le nominatif ou l'accusatif.

Voici, voilà le loup : *en, eccè lupus* ou *lupum :* avec le nomin. on sous-entend *adest;* avec l'accusatif on sous-entend *aspice.*

Ergò employé pour *causâ,* veut le génitif, et se met après son régime : à cause de lui, *illius ergò.*

Instar, comme, veut de même le génitif, et se met après son régime : comme une montagne, *montis instar.*

Obviam, au-devant, veut le datif : aller au-devant de quelqu'un, *ire obviam alicui.*

SEPTIÈME ESPÈCE DE MOTS.

PRÉPOSITIONS.

La *Préposition* est un mot indéclinable, qui sert à marquer le rapport d'un nom ou d'un pronom à un mot dont elle est précédée. La préposition est toujours suivie d'un régime exprimé ou sous-entendu, que l'on connaît en faisant la question *qui? quoi?*

Il y a trente prépositions qui gouvernent l'accusatif,

SAVOIR :

Ad, *auprès, chez, pour,*

Adversum, adversus, *contre, vis-à-vis.*

Ante, *devant, avant.*

Apud, *auprès, chez.*

Circa, *auprès, environ.*

Circiter, *environ, à peu près.*

Circum, *autour, à l'entour.*

Cis, citra, *deçà, en deçà.*

Contra, *contre, vis-à-vis. à l'opposite.*

Erga, *envers, à l'égard de.*

Extra, *hors, outre, excepté.*

Infra, *sous, au-dessous.*

Inter, *entre, parmi.*

Intra, *dans, au-dedans, dans l'espace de.*

Juxta, *auprès, proche.*

Ob, *pour, devant, à cause de.*

Propè, *proche, près de, auprès.*

Penes, *en la puissance de.*

Per, *par, durant, au travers de, pendant.*

Pone, *après, derrière, par derrière.*

Post, *après, depuis.*

Præter, *excepté, hormis, outre.*

Propter, *pour, à cause de.*

6*

Secundum, *selon, suivant, auprès de, le long de.*

Secus, *auprès, le long de.*

Supra, *sur, au-dessus de.*

Trans, *au-delà, par delà.*

Versus, *vers, du côté de.*

Ultra, *au-delà, par delà.*

Usquè, *jusqu'à.*

Il y a onze prépositions qui gouvernent l'ablatif,

SAVOIR :

A, ab, abs *de, du, des, depuis, par.*

Absque, sine, *sans.*

Clam, *à l'insu de.*

Coram, *devant en présence de.*

Cum, *avec.*

De, *de, sur* ou *touchant.*

È, ex, *de, par.*

Palam, *devant, en présence de.*

Præ, *devant, en comparaison de, au-dessus de.*

Pro, *pour, au lieu de, selon, devant.*

Tenùs, *jusqu'à.*

Les quatre prépositions suivantes veulent l'accusatif quand elles sont jointes à un verbe de mouvement, et elles gouvernent l'ablatif quand elles sont jointes à un verbe de repos.

In, *en, dans, sur.*

Subter, *sous, au-dessous de.*

Sub, *sous, au-dessous de.*

Super, *sur, au-dessus de.*

OBSERVATION.

Trois prépositions se mettent après leur régime, savoir :

1° Cum, *avec,* se met après les pronoms *ego, tu, suî, nos, vos* et *qui, quæ, quod.* Ainsi on dit : mecum, *avec moi,* tecum, *avec vous ;* secum, quocum.

2° Tenùs, *jusqu'à,* veut l'ablatif lorsque son régime est singulier : capulo tenùs, *jusqu'à la garde ;* mais il veut le génitif quand son régime est pluriel : aurium tenùs, *jusqu'aux oreilles.*

3° Versùs, *vers ;* Orientem versùs, *vers l'Orient ;* on sous-entend *ad.*

HUITIÈME ESPÈCE DE MOTS.

CONJONCTIONS.

La *Conjonction* est un mot indéclinable, qui sert à lier les parties du discours.

Il y a différentes sortes de conjonctions :

1° POUR JOINDRE.

Et, que, quoque, etiam, atque, ac, et, aussi. (*Que* ne se met qu'après un mot.)

Præterea, *outre cela.*

Cùm, tùm, *non-seulement, mais encore.*

2° POUR SÉPARER.

Aut, vel, ve, *ou, ou bien.* (*Ve* ne se met qu'après un mot.)

Sive, *soit que;* sicut, *comme.*

Nec, neque, *ne, ni, non plus.*

3° POUR CONCLURE.

Ergò, igitur, *donc.*

Ideò, idcircò, itaque, *c'est pourquoi, c'est pour cela que.*

4° POUR FAIRE DISTRIBUTION OU OPPOSITION.

Sed, sed enim, at, atqui, porrò, autem, verò, *mais.* (*Autem* et *verò* ne se mettent qu'après un mot.)

Etsi, etiamsi, licet, quanquam, quamvis, tametsi, *bien que, quoique.*

Cùm, ut, *quoique, quand bien même.*

Imò, imò verò, quin, quin etiam, quin potiùs, *mais, mais au contraire, qui plus est.*

5° POUR RENDRE RAISON.

Nam, namque, enim, etenim, car. (*Enim* ne se met qu'après un mot.)

Quòd, quia, propterea quòd, quoniam, *parce que, puisque.*

Cùm, *lorsque, puisque.*

Ut, *afin que.*

Ne, *de peur que ne.*

Ità, ut, sicut, *de sorte que, tellement que.*

6° CONDITIONNELS.

Dùm, dummodò, *pourvu que.*

Modò ne, *pourvu que ne.*

Si, si modò, *si,* sin, *sinon.*

Sin minùs, sin aliter, *sinon, si cela n'était pas.*

Nisi, *sinon que, si ce n'est que, à moins que.*

7° POUR MARQUER LE DOUTE.

An, nùm, utrùm, ne, *si.*
  (*Ne* se met après un mot.)

RÈGLE DES CONJONCTIONS.

Quelques conjonctions gouvernent le subjonctif, d'autres gouvernent l'indicatif : le régime de chacune est indiqué dans le dictionnaire. *Voyez* conjonctions françaises, *ci-après.*

NEUVIÈME ESPÈCE DE MOTS.

INTERJECTIONS.

L'*Interjection* est un mot indéclinable qui sert à marquer les différents mouvements de l'âme.

Pour marquer la joie.	O ! evax ! *ho ! ha !*
Pour la douleur.	Hei ! heu ! *ah ! hélas ! ah ! ah !*
Pour l'indignation.	Proh ! heu ! *ô ! oh ! ah !*
Pour l'admiration.	Papæ ! hui ! *ô ! ah! oh ! ho !*
Pour menacer.	Hei ! væ ! *malheur à !*

L'usage apprendra les autres.

FIN DE LA PREMIÈRE PARTIE.

SECONDE PARTIE.

SYNTAXE LATINE.

La Syntaxe est la manière de joindre ensemble les mots d'une phrase, et les phrases entr'elles.

Il y a deux sortes de syntaxes; la syntaxe d'*accord*, par laquelle on fait accorder deux mots en genre, en nombre, etc.; et la syntaxe de *régime*, par laquelle un mot régit un autre mot à tel cas, à tel mode, etc.

SYNTAXE DES NOMS.

ACCORD DES DEUX NOMS.

Ludovicus *rex.*

RÈGLE. Quand deux ou plusieurs noms désignent une seule et même personne, une seule et même chose, ces noms se mettent au même cas.

EXEMPLES.

Louis roi, *Ludovicus rex;* de Louis roi, *Ludovici regis*, etc.; Ésope auteur, *Æsopus auctor;* à Ésope auteur, *Æsopo auctori;* la ville de Rome, *urbs Roma.* Les Latins disoient : *La ville Rome.*

REMARQUE. *De* entre deux noms n'empêche pas de mettre ces deux noms au même cas, lorsqu'on peut tourner *de* par *qui s'appelle :* la ville de Rome, *tournez,* la ville *qui s'appelle* Rome.

RÉGIME DES NOMS.

I.

Liber *Petri*.

RÈGLE. Lorsque *de, du, des,* entre deux noms, ne peuvent pas se tourner par *qui s'appelle,* on met le second au génitif.

EXEMPLES.

Le livre de Pierre *liber Petri;* la bonté de Dieu, *bonitas Dei.*

Souvent au lieu du génitif, on se sert d'un adjectif qui a la même valeur. *Ex.* La bonté de Dieu, *tournez,* la bonté divine, *bonitas divina;* le parlement de Paris, *tournez,* le parlement Parisien, *senatus Parisiensis.*

REMARQUE. Quand le nom qui suit *de* exprime une qualité bonne ou mauvaise, on peut mettre ce nom ou à l'ablatif ou au génitif : un enfant d'un bon naturel, *puer egregiâ indole,* ou *egregiæ indolis;* d'un mauvais naturel, *pravâ indole,* ou *pravæ indolis.*

II.

Tempus *legendi*.

De entre un nom de chose inanimée et un infinitif français, se rend en latin par le gérondif en *di,* qui est un véritable génitif.

EXEMPLES.

Le temps de lire, *tempus legendi;* de lire l'histoire, *tempus legendi historiam.* (Les gérondifs gouvernent le même cas que les verbes d'où ils viennent.)

REMARQUE. Si le verbe latin gouverne l'accusatif, au lieu du gérondif en *di,* il est mieux d'employer le participe en *dus, da, dum,* que l'on met au génitif, en le faisant accorder avec le nom en genre, en nombre et en cas : ainsi au lieu de dire *tempus legendi historiam,* on dit mieux *tempus legendæ historiæ.*

De entre un nom et un infinitif se rend quelquefois par l'infinitif latin ; c'est lorsque cet infinitif peut servir de nominatif à la phrase. *Ex.* C'est un péché de mentir, *tournez,* mentir est un péché, *culpa est mentiri.*

SYNTAXE DES ADJECTIFS.

ACCORD DE L'ADJECTIF AVEC LE NOM.

I.

Deus *sanctus.*

RÈGLE. L'adjectif s'accorde en genre, en nombre et en cas avec le nom auquel il se rapporte.

EXEMPLES.

Dieu saint, *Deus sanctus ;* du Dieu saint, *Dei sancti :* Vierge sainte, *Virgo sancta ;* de la Vierge sainte, *Virginis sanctæ :* temple saint, *templum sanctum ;* du temple saint, *templi sancti.*

II.

Pater et filius *boni,* mater et filia *bonæ.*

Quand un adjectif se rapporte à deux noms, on met cet adjectif au pluriel, parce que deux singuliers valent un pluriel.

EXEMPLES.

Le père et le fils bons, *pater et filius boni ;* la mère et la fille bonnes, *mater et filia bonæ.*

III.

Pater et mater *boni.*

Quand un adjectif se rapporte à deux noms de différents genres, l'adjectif prend le plus noble des deux genres. (Le masculin est plus noble que les deux autres ; le féminin est plus noble que le neutre.)

EXEMPLE.

Le père et la mère bons, *pater et mater boni.*

6**

IV.

Virtus et vitium *contraria*.

Quand les deux noms sont des choses inanimées, c'est-à-dire sans vie, l'adjectif qui s'y rapporte se met au pluriel neutre. (*Il n'y a d'animé que les hommes et les bêtes.*)

EXEMPLE.

La vertu et le vice contraires, *virtus et vitium contraria* (1).

V.

·Turpe est *mentiri*.

L'adjectif qui ne se rapporte à aucun nom précédent, se met au neutre.

EXEMPLES.

Il est honteux de mentir, *turpe est mentiri* (2).
Il est honteux d'être paresseux, *turpe est esse pigrum.*

DEUS EST·SANCTUS.

CREDO DEUM ESSE SANCTUM.

L'adjectif qui suit immédiatement le verbe *sum*, se met au même cas que le nom ou pronom qui precède le verbe, et auquel il se rapporte.

EXEMPLES.

Dieu est saint, *Deus est sanctus.*
Je crois que Dieu est saint, *credo Deum esse sanctum.*
(En latin on dit : *Je crois Dieu être saint.*)
Il ne m'est pas permis d'être paresseux, *mihi non licet esse pigro.*

---

(1) Lorsque deux adjectifs sont joints ensemble, le premier se change en adverbe. *Ex.* Les vrais sages, *veré sapientes,* c'est-à-dire, les hommes vraiment sages.

(2) L'infinitif *mentiri* est un véritable nom avec lequel s'accorde l'adjectif *turpe* ; le mentir est honteux.

Si cependant le nom qui précède était au génitif, il faudrait mettre l'adjectif à l'accusatif. *Ex.* Il importe à un jeune homme d'être laborieux, *refert adolescentis esse impigrum.*

REMARQUE. On observe la même règle après tout autre verbe, quand l'adjectif le suit immédiatement. *Exemples.* Le geai revint tout chagrin, *graculus rediit mœrens :* Aristide mourut pauvre, *Aristides mortuus est pauper :* Je m'appelle lion, *ego nominor leo.*

RÉGIME DES ADJECTIFS.

I.

ADJECTIFS QUI GOUVERNENT LE GÉNITIF.

Avidus *laudum.*

RÈGLE. Les adjectifs *avidus,* avide; *cupidus,* qui désire; *studiosus,* qui a du goût pour; *peritus* habile dans; *expers,* qui manque; *patiens,* qui souffre; *rudis,* qui ne sait pas; *memor,* qui se souvient; *immemor,* qui ne se souvient pas; *plenus,* plein, etc., gouvernent le génitif.

EXEMPLES.

Avide de louanges, *avidus laudum;* habile dans la musique, *peritus musicæ;* plein de vin, *plenus vini.* (On trouve quelquefois *plenus* avec un un ablatif, *plenus vino.*)

Cupidus *videndi.*

Quand les adjectifs *avide,* etc., sont suivis d'un infinitif francais, on met en latin cet infinitif au gérondif en *di.*

EXEMPLES.

Curieux de voir, *cupidus videndi;* de voir la ville, *videndi urbem,* et mieux *videndæ urbis,* comme nous l'avons dit plus haut, *page* 128.

II.

ADJECTIFS QUI GOUVERNENT LE GÉNITIF OU LE DATIF.

Similis *patris* ou *patri*.

Similis, semblable, *par*, *æqualis*, égal, *affinis*, allié, gouvernent le génitif ou le datif.

EXEMPLES.

Semblable à son père, *similis patris* ou *patri;* allié au roi, *affinis regis* ou *regi*.

III.

ADJECTIFS QUI GOUVERNENT LE DATIF SEULEMENT.

Mihi utile *est*.

Utilis, utile à; *commodus*, avantageux à; *infensus*, *iratus*, irrité contre; *assuetus*, accoutumé à; *aptus*, *idoneus*, propre à, gouvernent le datif.

EXEMPLES.

Cela m'est utile, *id mihi utile est;* corps accoutumé au travail, *corpus assuetum labori*.

Quand ces adjectifs sont suivis d'un infinitif français, on met en latin cet infinitif au gérondif en *do*. (Le gérondif en *do* est ici un véritable datif.)

EXEMPLE.

Corps accoutumé à supporter le travail, *corpus assuetum tolerando laborem*, ou mieux *tolerando labori*, en se servant du participe en *dus, da, dum*, et le faisant accorder avec le nom.

REMARQUE. Après *aptus*, *idoneus* et *natus*, on peut mettre l'accusatif avec *ad*. *Exemples*. Propre à la guerre, *aptus ad militiam;* né pour les armes, *natus ad arma*.

IV.

ADJECTIFS QUI GOUVERNENT L'ACCUSATIF AVEC *ad*.

Propensus *ad lenitatem*.

Propensus, *pronus*, *proclivis*, porté à.... et tous

les adjectifs qui marquent un penchant ou une inclination à quelque chose, gouvernent l'accusatif avec
ad.

Porté à la douceur, *propensus ad lenitatem.*

Quand ces adjectifs sont suivis d'un infinitif en
français, on met en latin cet infinitif au gérondif en
dum. (Le gérondif en *dum* est un véritable accusatif.)

EXEMPLES.

.Prompt à se mettre en colère, *pronus ad irascendum;*
à venger une injure, *ad ulciscendum injuriam,* et mieux *ad
ulciscendam injuriam.*

V.

ADJECTIFS QUI GOUVERNENT L'ACCUSATIF SANS PRÉPOSITION.

Populabundus agros.

Les adjectifs en *bundus* gouvernent l'accusatif,
quand ils viennent d'un verbe qui régit ce cas.

EXEMPLE.

Ravageant les campagnes, *populabundus agros.*

VI.

ADJECTIFS QUI GOUVERNENT L'ABLATIF.

Præditus virtute.

Præditus, doué de; *dignus,* digne de; *indignus,*
indigne de; *contentus,* content de, etc., gouvernent
l'ablatif.

EXEMPLES.

Jeune homme doué de vertu, *adolescens virtute præditus;* digne de louange, *dignus laude;* content de son sort,
contentus suâ sorte.

REMARQUE. On trouve quelquefois *dignus* avec le
génitif.

VII.

Mirabile visu.

Après les adjectifs *admirable à, facile à, difficile*

à, etc., l'infinitif français se rend en latin par le supin en *u.*

Chose admirable à voir (tournez à être vue) ; *res visu
mirabilis* ou *mirabile visu.* (Quand on n'exprime pas le
mot chose, l'adjectif latin se met au neutre.)

Chose facile à dire, *res dictu facilis ;* à trouver, *inventu.*

REMARQUE. Si le verbe latin n'a point de supin,
tournez la phrase de cette manière : Ma leçon est
difficile à étudier, *dites,* il est difficile d'étudier ma
leçon, *difficile est studere lectioni meæ.*

SYNTAXE DES COMPARATIFS ET DES SUPERLATIFS.

I.

Doctior *Petro.*

Après le comparatif exprimé par un seul mot latin,
on met le nom à l'ablatif en supprimant le *que.*

Plus savant que Pierre, *doctior Petro.*

La vertu est plus précieuse que l'or, *virtus est prétio-
sior auro.* (On sous-entend *præ,* en comparaison de.)

REMARQUE. On peut après le comparatif exprimer
que par *quàm,* et mettre après même cas que devant.

Paul est plus savant que Pierre, *Paulus est doctior
quàm Petrus.*

Je ne connais personne plus savant que Paul, *neminem
novi doctiorem quàm Paulum.*

II.

Felicior *quàm prudentior.*
Felicius *quàm prudentius.*

Quand après un comparatif le *que* est suivi d'un adjectif ou d'un adverbe, cet adjectif ou cet adverbe se met encore au comparatif et au même cas que le premier.

EXEMPLES.

Il est plus heureux que prudent, *felicior est quàm prudentior.*

Ils envoyèrent un général plus hardi qu'habile, *miserunt ducem audaciorem quàm peritiorem.*

III.

Magis pius *quàm tu.*

Quand l'adjectif latin n'a point de comparatif, on exprime *plus* par *magis*, et alors le *que* s'exprime toujours par *quàm*, avec même cas après que devant.

EXEMPLE.

Il est plus pieux que vous, *magis pius est quàm tu.*

REMARQUE. Presque tous les adjectifs qui finissent par *eus, ius, uus,* n'ont ni comparatif, ni superlatif en latin.

IV.

Majori virtute *præditus.*

Quand l'adjectif français se rend en latin par deux mots (un adjectif et un nom) l'on exprime *plus* par *major, majus; moins* par *minor, minus,* que l'on fait accorder avec le nom.

EXEMPLES.

Plus vertueux, *majori virtute præditus,* et non pas *magis virtute præditus ;* moins vertueux, *minori virtute præditus.*

V.

Doctior est *quàm putas.*

Si le *que* après le comparatif est suivi d'un verbe, on exprime toujours *que,* et l'on met en latin le même temps que dans le français.

Il est plus savant que vous ne pensez, *doctior est quàm putas.* (*Ne* qui suit le comparatif français ne s'exprime point en latin.)

Rien n'est plus honteux que de mentir, *nihil turpius est quàm mentiri.*

SUPERLATIF.

I.

Altissima arborum ou *ex arboribus,* ou *inter arbores.*

RÈGLE. Le superlatif veut le nom *pluriel* qui le suit, au génitif ou à l'ablatif avec *ex,* ou à l'accusatif avec *inter.*

EXEMPLE.

Le plus haut des arbres, *altissima arborum,* ou *ex arboribus* ou *inter arbores.*

REMARQUE. Le superlatif prend le même genre que le nom pluriel qui le suit : *altissima* est du féminin, parce que son régime *arborum* est du féminin.

Mais si le régime du superlatif était un nom singulier, le superlatif ne s'accorderait pas en genre avec ce nom, et alors il ne gouverne que le génitif.

EXEMPLE.

Le plus riche de la ville, *ditissimus urbis ;* on sous entend *homo,* c'est-à-dire, l'homme le plus riche de la ville.

II.

Validior *manuum.*

Quand on ne parle que de deux choses, au lieu du superlatif qui est dans le français, on met le comparatif en latin.

EXEMPLE.

La plus forte des deux mains, *validior manuum.*

III.

Maximè omnium *conspicuus*.

Quand l'adjectif latin n'a point de superlatif, on se sert de *maximè* avec le positif.

EXEMPLE.

Le plus remarquable de tous, *maximè omnium conspicuus*.

REMARQUE. Les noms que l'on appelle *partitifs*, c'est-à-dire, qui marquent la partie d'un plus grand nombre, comme *unus, quis, aliquis, nemo*, etc., gouvernent le même cas que le superlatif.

EXEMPLES.

Un des soldats, *unus militum* ou *ex militibus*, ou *inter milites.*

Qui de nous, *quis nostrûm*, et non pas *nostri;* qui de vous, *quis vestrûm.* (On ne se sert de *nostri, vestri*, qu'après un verbe ou un nom qui n'est point partitif.) (1)

SYNTAXE DES VERBES.

ACCORD DU VERBE AVEC LE NOMINATIF OU SUJET.

I.

Ego *audio*.

RÈGLE. Tout verbe, quand il n'est pas à l'infinitif, s'accorde avec son nominatif en nombre et en personne.

EXEMPLES.

J'écoute, *ego audio;* vous enseignez, *tu doces;* il lit, *ille legit.*

---

(1) Quand le superlatif pluriel n'est pas suivi d'un génitif, il faut ajouter *quisque* au superlatif latin : les plus honnêtes gens le favorisent, *optimus quisque illi favet.*

REMARQUE. On sous-entend ordinairement le pronom nominatif : ainsi l'on dit simplement *audio, doces, legit :* il faut cependant l'exprimer quand il y a deux verbes dont le sens est opposé, ou quand la phrase contient quelque chose de vif.

EXEMPLES.

Vous riez, et je pleure, *tu rides, ego fleo.*
Vous osez parler ainsi ? *tu loqui sic audes ?*

II.

Petrus et Paulus *ludunt.*

RÈGLE. Quand un verbe a deux nominatifs singuliers, on met ce verbe au pluriel, parce que deux singuliers valent un pluriel.

EXEMPLE.

Pierre et Paul jouent, *Petrus et Paulus ludunt.*

III.

Ego et tu *valemus.*

RÈGLE. Si les nominatifs d'un même verbe sont de différentes personnes, le verbe prend la plus noble des deux personnes ; la première est plus noble que les deux autres, la seconde est plus noble que la troisième.

EXEMPLES.

Vous et moi nous nous portons bien, *ego et tu valemus.*
Vous et votre frère vous causez, *tu fraterque garritis.*

REMARQUE. En français la première personne se nomme après les autres ; c'est le contraire en latin.

IV.

Turba *ruit,* ou *ruunt.*

RÈGLE. Quand le nominatif est un nom *collectif,* le verbe se peut mettre au pluriel. (On appelle *collec-*

tif un nom qui, quoique au singulier, signifie plusieurs personnes ou plusieurs choses.) *Exemple.* La foule se précipite, *turba ruit,* ou *ruunt.*

RÉGIME DES VERBES.

VERBES QUI GOUVERNENT L'ACCUSATIF.

I.

Amo *Deum.*

RÈGLE. Tout verbe actif gouverne l'accusatif.

EXEMPLES.

J'aime Dieu, *amo Deum;* vous instruisez les enfans, *doces pueros;* il écoute le maître, *audit magistrum.*

II.

Imitor *patrem.*

Plusieurs verbes déponents ont la force des verbes actifs et gouvernent l'accusatif.

EXEMPLES.

J'imite mon père, *imitor patrem.*
Nous admirons la vertu, *miramur virtutem.*

III.

Musica *me juvat,* ou *delectat.*

Les verbes *juvat, delectat,* il fait plaisir; *manet,* il est réservé; *decet,* il convient; et *fugit, fallit, prœterit,* employés pour exprimer le verbe français *ignorer,* veulent au nominatif le nom de la chose qui fait plaisir, qui convient, etc., et le nom de la personne à l'accusatif.

EXEMPLES.

La musique me fait plaisir, *mot à mot,* me réjouit, *musica me juvat,* ou *delectat.*

Une gloire éternelle nous est réservée, *mot à mot*, nous attend, *gloria æterna nos manet.*

Quand *attendre* a pour nominatif un nom de chose, on l'exprime par *manere*; quand c'est un nom de personne, par *expectare.*

Nous ignorons bien des choses, *mot à mot*, bien des choses nous échappent, nous trompent, nous passent, *multa nos fugiunt, fallunt, prætereunt.*

Vous savez cela, *ou* vous n'ignorez pas cela, *id te non fugit, fallit, præterit.*

VERBES QUI GOUVERNENT LE DATIF.

I.

Studeo *grammaticæ.*

RÉGLE. **La plupart des verbes neutres gouvernent le datif.**

EXEMPLES.

J'étudie la grammaire, *studeo grammaticæ.*
Nous favorisons la noblesse, *favemus nobilitati.*
Il a contenté le maître, *satisfecit præceptori.*

II.

Defuit *officio.*

Les composés du verbe *sum* gouvernent le datif, excepté *absum*, qui veut l'ablatif avec *à* ou *ab.*

EXEMPLES.

Il a manqué à son devoir, *defuit officio.*
Il était présent à ce spectacle, *adherat huic spectaculo.*

III.

Les trois verbes *imminere, impendere, instare*, gouvernent le datif.

EXEMPLE.

Un grand malheur vous menace, *magna calamitas tibi imminet, impendet, instat.*

REMARQUE. Quand le verbe *menacer* a pour nominatif un nom de chose inanimée, c'est-à-dire, sans
vie, on l'exprime par *imminere, impendere, instare.*

IV.

Id mihi *accedit, evenit, contingit.*

Les verbes *accedit, evenit, contingit,* il arrive;
conducit, expedit, il est avantageux; *placet,* il
plaît, etc., veulent le nom de la personne au datif.

EXEMPLES.

Cela m'est arrivé, *id mihi accidit;* cela vous est avantageux, *hoc tibi expedit.*

V.

Homo irascitur *mihi.*

Les verbes déponents *irasci,* se mettre en colère;
blandiri, flatter; *opitulari,* secourir; *minari,* menacer, etc., gouvernent le datif.

EXEMPLES.

Cet homme se fâche contre moi, *homo irascitur mihi;*
il me menace, *minatur mihi.*

REMARQUE. Le verbe *menacer* s'exprime par *minari,* quand il a pour nominatif un nom de personne.

VI.

Est *mihi* liber.

Quand on se sert du verbe *sum* pour signifier
avoir, on met le nom de la personne au datif.

EXEMPLE.

J'ai un livre, *tournez,* un livre est à moi, *liber est
mihi.*

VII.

Hoc erit *tibi dolori.*

Quand on se sert du verbe *sum* pour signifier

causer, apporter, procurer, il gouverne deux datifs.

EXEMPLE.

Cela vous causera de la douleur, *tournez,* cela sera douleur à vous, *hoc erit tibi dolori.*

Les verbes *do, verto, tribuo,* suivent la même règle.

EXEMPLES.

Il m'a fait un crime de ma bonne foi, *crimini dedit mihi meam fidem.*

Blâmer quelqu'un de quelque chose, *vitio vertere aliquid alicui ;* c'est-à-dire, tourner à défaut à quelqu'un.

VERBES QUI GOUVERNENT L'ABLATIF.

I.

Abundat *divitiis, nullâ re* caret.

RÈGLE. Les verbes neutres qui signifient *abondance* ou *disette*, gouvernent ordinairement l'ablatif.

EXEMPLES.

Il regorge de biens, *abundat divitiis.*
Il ne manque de rien, *nullâ re caret.*

Le verbe *gaudere*, se réjouir, gouverne aussi l'ablatif : se réjouir du bonheur d'autrui, *gaudere felicitate alienâ.*

II.

Fruor *otio.*

Les sept verbes déponents qui suivent, et leurs composés, gouvernent l'ablatif; *fruor otio,* je jouis du repos; *fungor officio,* je m'acquitte du devoir ; *potior urbe,* je suis maître de la ville; *vescor pane,* je me nourris de pain ; *utor libris,* je me sers de livres; *gloriari alienis bonis,* se glorifier des avantages d'autrui ; *lætor hâc re,* je me réjouis de cela.

VERBES QUI GOUVERNENT LE GÉNITIF.

Le verbe *misereri*, avoir pitié, gouverne le génitif.

EXEMPLE.

Ayez pitié des pauvres, *miserere pauperum.*

Oblivisci, oublier ; *recordari, meminisse,* se souvenir, gouvernent le génitif ou l'accusatif.

EXEMPLE.

Je me souviens des vivans, et je ne puis oublier les morts, *vivorum memini, nec possum oblivisci mortuorum.*

RÉGIME INDIRECT DES VERBES.

Il y a des verbes, qui, outre l'accusatif que l'on appelle *régime direct,* gouvernent un autre nom, que l'on appelle leur *régime indirect* : ce régime indirect des verbes est marqué en français par *à, au, aux,* ou par *de, du, des.*

I.

Do vestem *pauperi.*

RÈGLE. Les verbes qui signifient *donner, dire, promettre,* etc., veulent au datif leur régime indirect marqué par *à.*

EXEMPLES.

Je donne un habit au pauvre, *do vestem pauperi.*

Dieu promet une vie éternelle au juste, *Deus vitam æternam justo promittit.*

Minari mortem *alicui.*

MÊME RÈGLE. Les verbes déponents *minari,* menacer ; *gratulari,* féliciter, veulent le nom de la chose à l'accusatif, et le nom de la personne au datif.

EXEMPLES.

Menacer quelqu'un de la mort, *tournez*, menacer la mort à quelqu'un, *minari mortem alicui.*

Féliciter quelqu'un d'une victoire, *tournez*, complimenter la victoire à quelqu'un, *gratulari victoriam alicui.*

II.

Hæc via ducit *ad virtutem.*

Quand le verbe signifie quelque mouvement, comme *conduire à*..... ou une inclination vers quelque chose, comme *exhorter à, exciter à*, etc., le régime indirect se met à l'accusatif avec *ad.*

EXEMPLES.

Ce chemin conduit à la vertu, *hæc via ducit ad virtutem.*

Je vous exhorte au travail, *te hortor ad laborem.*

III.

Doceo *pueros grammaticam.*

Les verbes *docere*, instruire; *rogare*, prier; *celare*, cacher, veulent deux accusatifs, le nom de la personne et celui de la chose.

EXEMPLE.

J'enseigne la grammaire aux enfans, *tournez*, j'instruis les enfans sur la grammmaire, *doceo pueros grammaticam.*

REMARQUE. *Grammaticam* est à l'accusatif, à cause d'une prépostion sous-entendue (*ad* ou *secundum*).

IV.

Scribo *ad te*, ou *tibi* epistolam.

Les trois verbes *scribo*, j'écris; *mitto*, j'envoie; *fero*, je porte, veulent leur régime indirect à l'accusatif avec *ad* ou au datif.

EXEMPLE.

Je vous écris une lettre, *scribo ad te* ou *tibi epistolam.*

V.

Accepi litteras *à patre meo.*

Les verbes *demander, recevoir, emprunter, acheter, espérer, attendre, obtenir,* etc., veulent leur régime indirect à l'ablatif, avec *à* ou *ab.*

EXEMPLES.

J'ai reçu une lettre de mon père, *accepi litteras à patre meo.*

Il a demandé une grâce au Roi, *petivit beneficium à Rege.*

Si le régime indirect du verbe *recevoir* est une chose inanimée, on le met à l'ablatif avec *è* ou *ex :* on fait de même après les verbes *allumer à, prendre à, juger à, puiser à,* etc.

EXEMPLES.

J'ai reçu une grande joie de votre lettre, *accepi magnam voluptatem ex tuis litteris.*

Puiser de l'eau à une fontaine, *haurire aquam ex fonte.*

VI.

Id audivi *ex amico,* ou *ab amico meo.*

Les verbes *audire,* apprendre : *quœrere,* s'informer, veulent leur régime indirect à l'ablatif avec *à* ou *ab, è* ou *ex ;* mais après *cognoscere,* apprendre, c'est toujours *è* ou *ex.*

EXEMPLES.

J'ai appris cela de mon ami, *id audivi ex* ou *ab amico meo.*

J'ai connu par votre lettre, *ex litteris tuis cognovi.*

VII.

Christus redemit hominem *à morte.*

Les verbes *délivrer, racheter, éloigner, arracher, ôter, séparer, détourner,* etc., veulent leur régime indirect à l'ablatif, avec *à* ou *ex,* et quelquefois sans préposition.

EXEMPLES.

Jésus-Christ a racheté l'homme de la mort, *Christus redemit hominem à morte.*

7

Délivrer quelqu'un de la servitude, *eximere aliquem à* ou *ex servitute;* ou *servitute* sans préposition.

VIII.

Implere dolium *vino.*

Les verbes *d'abondance,* de *disette* et de *privation,* veulent leur régime indirect à l'ablatif sans préposition.

EXEMPLES.

Emplir un tonneau de vin, *implere dolium vino.*

Combler quelqu'un de bienfaits, *cumulare aliquem beneficiis.*

Priver quelqu'un de secours, *nudare aliquem præsidio.*

IX.

Admonui eum *periculi,* ou *de periculo.*

Les verbes *avertir, informer,* veulent leur régime indirect marqué par *de,* au génitif, ou à l'ablatif avec *de.*

EXEMPLES.

Je l'ai averti du danger, *admonui eum periculi* ou *de periculo.*

Plût à Dieu que j'eusse été informé de votre dessein! *utinam factus essem tui consilii certior!*

REMARQUE. Avec *moneo,* l'on met bien les accusatifs neutres, *hoc, id, illud, unum;* je les avertis de cela, *hoc eos moneo* : d'une chose, *unum.*

X.

Insimulare aliquem *furti* ou *furto.*

Les verbes *accuser, condamner, absoudre, convaincre,* veulent leur régime indirect au génitif ou à l'ablatif; mais mieux au génitif.

EXEMPLES.

Accuser quelqu'un de larcin, *insimulare aliquem furti* ou *furto.*

Absoudre quelqu'un d'un crime, *absolvere aliquem criminis* ou *crimine.*

1re REMARQUE. Avec le verbe *condamner,* le nom

de la peine particulière et déterminée se met à l'accusatif avec *ad*.

EXEMPLES.

Condamner quelqu'un aux galères, *damnare aliquem ad triremes;* à tourner la meule, *ad molam*.

2ᵉ REMARQUE. Les verbes *accuser*, *condamner*, suivis d'un infinitif, s'expriment, *accuser*, par *arguere*, et *condamner*, par *jubere*, avec l'infinitif latin.

EXEMPLES.

Il est accusé d'avoir trahi la république, *arguitur prodidisse rempublicam* : il fut condamné à sortir de la ville, *tournez*, il reçut ordre de sortir de la ville, *jussus est ab urbe discedere*.

Deus *amat* **virum bonum,** *illique favet*.

Quand deux verbes n'ont qu'un régime en français, et que les verbes latins gouvernent différents cas, on met le nom au cas du premier verbe, et l'on se sert d'un des pronoms *is*, *ille*, *ipse*, pour le mettre au cas du second.

EXEMPLE.

Dieu aime et favorise l'homme de bien, *dites*, Dieu aime l'homme de bien, et le favorise, *Deus amat virum bonum illique favet*.

RÉGIME DES VERBES PASSIFS.

I.

Amor à Deo.

RÈGLE. Le régime du verbe passif se met à l'ablatif avec *à* ou *ab*, quand c'est un nom de chose animée.

EXEMPLE.

Je suis aimé de Dieu, *amor à Deo*.

II.

Mœrore conficior.

7*

Quand le régime du verbe passif est un nom de chose inanimée, on met l'ablatif sans préposition.

EXEMPLE.

Je suis accablé de chagrin, *mœrore conficior*.

REMARQUE. Avec *probor*, *improbor*, *videor*, et les participes en *dus*, *da*, *dum*, l'on met mieux le nom au datif qu'à l'ablatif. *Exemples*. Ce sentiment n'est approuvé ni de lui, ni de nous, *hæc sententia neque nobis, neque illi probatur*. Je dois pratiquer la vertu, *mihi colenda est virtus*.

RÉGIME DES VERBES *Pertinet, Attinet, Spectat,*

Hoc *ad me* pertinet.

Les trois verbes *pertinere*, appartenir; *attinere*, *spectare*, regarder, avoir rapport à, veulent le nom de la personne à l'accusatif avec *ad*.

EXEMPLES.

Cela me regarde ou m'appartient, *hoc ad me pertinet* ou *spectat*. Pour ce qui me regarde, *quod ad me attinet*.

RÉGIME DES IMPERSONNELS *Pœnitet, Pudet, Piget*, etc.

I.

Me *pœnitet culpæ meæ*.

Les cinq verbes *pœnitet, pudet, piget, tædet, miseret*, veulent à l'accusatif le nom ou pronom qui précède le verbe français, et au génitif le nom qui le suit.

EXEMPLES.

Je me repens de ma faute, *me pœnitet culpæ meæ*.
Le Roi a pitié de cet homme, *Regem miseret hominis*.

II.

Incipit *me pœnitere culpæ meæ.*

Tous les verbes, excepté *volo, nolo, malo, audeo, cupio,* deviennent impersonnels devant *pœnitet, pudet,* etc., c'est-à-dire qu'on les met à la troisième personne du singulier, et le nom qui les précède se met à l'accusatif.

EXEMPLES.

Je commence à me repentir de ma faute, *incipit me pœnitere culpæ meæ.*

Vous devez avoir honte de votre paresse, *debet te pudere negligentiæ tuæ.*

RÉGIME DES VERBES *Refert, Interest,* IL IMPORTE A, IL EST IMPORTANT A, IL EST DE L'INTÉRÊT DE.

I.

Refert, Interest *Regis.*

Les verbes *refert, interest,* veulent au génitif le nom qui suit le verbe français *il importe.*

EXEMPLE.

Il importe au Roi, *refert,* ou *interest Regis.*

REMARQUE. L'on sous-entend *re* ou *causâ* devant ce génitif. *Interest* (causâ) *Regis,* il importe pour le Roi.

II.

Refert, interest *meâ, tuâ, nostrâ, vestrâ, suâ.*

Avec *refert, interest,* ces pronoms *me, te, nous, vous, lui, leur,* s'expriment par *meâ, tuâ, nostrâ, vestrâ, suâ,* on sous-entend *causâ.*

EXEMPLES.

Il m'importe, *refert, interest meâ :* il vous importe, *tuâ :* il nous importe, *nostrâ.*

Le maître croit qu'il lui importe, *en latin on dit :* Le maître croit importer à soi, *magister credit suâ referre.* (On ne met *suâ* que quand *lui* se rapporte au nominatif de la phrase, autrement ce serait *ejus.*)

III.

Si après *il importe*, ces pronoms *à moi, à toi*, etc., sont suivis d'un adjectif ou d'un nom, l'on met au génitif cet adjectif ou ce nom.

EXEMPLES.

Il importe à vous seul, *interest tuâ unius.*
Il importe à moi César, *refert meâ Cæsaris.*

IV.

Ces phrases : il nous importe *à tous deux ;* il vous importe, il leur importe *à tous deux*, se tournent ainsi :

Il importe *à l'un et à l'autre* de nous, de vous, d'eux, *utriusque nostrûm, vestrûm, illorum interest.*

V.

Lorsque les verbes *refert, interest*, ont pour régime un nom de chose inanimée, on met ce nom à l'accusatif avec *ad.*

EXEMPLE.

Il importe à notre honneur, *ad honorem nostrum interest.*

RÉGIME DU VERBE IMPERSONNEL *Est*, IL APPARTIENT A.

I.

Est *regis*.

Le verbe impersonnel *est* veut au génitif le nom qui suit le verbe français.

EXEMPLE.

Il est d'un roi, il appartient à un roi de défendre ses sujets, *est regis tueri subditos.*

REMARQUE. On sous-entend *negotium* devant ce génitif ; c'est comme s'il y avait : *Est negotium regis*, c'est l'affaire d'un roi.

II.

Est meum, tuum, nostrum, vestrum, suum.

Quand on se sert du verbe *est* pour exprimer *il appartient à*, *c'est à*, ces pronoms *à moi, à toi, à nous, à vous, à lui, à eux*, se rendent en latin par *meum, tuum, nostrum, vestrum, suum.*

EXEMPLES.

C'est à moi de parler, *ou* il m'appartient de parler, *meum est loqui* (sous-entendu *negotium*).

Le maître croit que c'est à lui de..., *ou* qu'il lui appartient de.... *tournez*, le maître croit être son affaire, *magister credit suum esse.* (On ne met *suum* que quand *lui* se rapporte au nominatif de la phrase, autrement ce serait *ejus.*)

III.

Mais si ces pronoms *à moi, à toi*, etc., peuvent se tourner par *mien, tien, notre, votre*, on les exprime par *meus, tuus, noster, vester*, que l'on fait accorder avec le nom.

EXEMPLE.

Ce livre est à moi, *tournez*, ce livre est le mien, *hic liber est meus.*

RÉGIME DE L'IMPERSONNEL *opus est*, IL EST BESOIN.

Mihi opus est *amico.*

RÈGLE. Quand on exprime *avoir besoin* par l'impersonnel *opus est* on met en latin au datif le nom ou pronom qui précède le verbe francais, et à l'ablatif le nom qui le suit.

EXEMPLE.

J'ai besoin d'un ami, *tournez*, besoin est à moi, *mihi opus est amico.*

RÉGIME DU VERBE *Interdico*.

Interdico tibi *domo meâ*.

Le verbe *interdico* veut le nom de la personne au datif, et le nom de la chose à l'ablatif.

EXEMPLE.

Je vous interdis ma maison, *interdico tibi domo meâ*.

RÉGIME D'UN VERBE SUR UN AUTRE VERBE.

I.

Amat *ludere*.

RÈGLE. Quand deux verbes sont de suite, et que le premier ne marque point de mouvement, on met le second à l'infinitif.

EXEMPLES.

Il aime à jouer, *amat ludere*.
Il cessa de parler, *desiit loqui*.

II.

Eo *lusum*.

Si le premier verbe signifie mouvement pour aller ou venir en quelque lieu, on met le second au supin en *um*.

EXEMPLES.

Je vais jouer, *eo lusum*.
Je viens jouer, *venio lusum*.

REMARQUE. Quand le second verbe n'a point de supin, il faut le tourner par *pour*, et l'exprimer par *ad* avec le gérondif en *dum* ; ou par *afin que*, et l'exprimer par *ut* avec le subjonctif.

EXEMPLE.

Je viens étudier, *tournez*, pour étudier, *venio ad studendum*, ou afin que j'étudie, *venio ut studeam*. (Le verbe *studeo* n'a point de supin.)

III.
Redeo *ab ambulando.*

Lorsque deux verbes sont de suite, et que le premier signifie mouvement pour venir de quelque lieu, on met le second au gérondif en *do,* avec *à* ou *ab.*

EXEMPLE.

Je reviens de me promener, *redeo ab ambulando.*

REMARQUE. Si le second verbe a un régime, et qu'il gouverne l'accusatif, il est mieux de se servir du participe en *dus, da, dum,* et alors on met le participe et le régime à l'ablatif avec *à* ou *ab,* en les faisant accorder.

EXEMPLE.

Je revenais de visiter mes terres, *redibam ab agris invisendis.*

IV.
Te hortor *ad legendum.*

RÈGLE. Après les verbes qui signifient mouvement vers quelque lieu, ou inclination vers quelque chose, comme *pousser à, exhorter à,* etc., on exprime *à* par *ad,* et l'on met le verbe au gérondif en *dum.*

EXEMPLES.

Je vous exhorte à lire, *te hortor ad legendum;* à lire l'histoire, *ad legendum historiam.*

REMARQUE. Si le second verbe a un régime, et qu'il gouverne l'accusatif, il est mieux de se servir du participe en *dus, da, dum,* que l'on met à l'accusatif avec *ad,* en le faisant accorder avec son régime.

EXEMPLE.

Je vous exhorte à lire l'histoire, *te hortor ad legendam historiam.*

V.
Consumit tempus *legendo.*

Lorsque *à* devant un infinitif français peut se tourner par *en* et le participe présent, on met cet infinitif au gérondif en *do,* avec ou sans la préposition *in.*

7**

EXEMPLES.

Il passe son temps à lire, *tournez*, en lisant, *consumit tempus legendo ;* à lire l'histoire, *legendo historiam,* et mieux, *in legendâ historiâ.*

VI.

Dedit mihi libros *legendos.*

Si *à* devant un infinitif français peut se tourner par *pour* avec l'infinitif passif, on se sert du participe en *dus, da, dum,* que l'on fait accorder avec le nom qui précède.

EXEMPLE.

Il m'a donné des livres à lire, c'est-à-dire, pour être lus, *dedit mihi libros legendos.*

VII.

Vidi eum *ingredientem.*

Après les verbes *voir, sentir, écouter, entendre, admirer,* l'infinitif français se met en latin au participe présent, que l'on fait acccorder avec le régime des verbes *voir, sentir,* etc.

EXEMPLES.

Je l'ai vu entrer, *tournez,* j'ai vu lui entrant, *vidi eum ingredientem.* Vous l'entendrez parler, *illum loquentem audies.*

SYNTAXE DES PRONOMS.

ACCORD DU PRONOM AVEC L'ANTÉCÉDENT.

I.

Deus *qui* regnat.

RÈGLE. Le pronom relatif *qui, quœ, quod,* s'accorde en genre et en nombre avec le nom ou pronom qui précède, et que l'on nomme *antécédent.*

EXEMPLES.

Dieu qui règne, *Deus qui regnat.* Ma mère qui est malade, *mater mea quœ egrotat.* L'animal qui court, *animal quod currit.*

Il importe à moi qui enseigne, *refert meâ qui doceo;* (*meâ* tient lieu du génitif *meî*).

II.

Pater et mater *quos amo.*

Quand le relatif *qui, quæ, quod,* a deux antécédents, on le met au pluriel, et si les antécédents sont de différents genres, le relatif s'accorde avec le plus noble.

EXEMPLE.

Le père et la mère que j'aime, *pater et mater quos amo.*

III.

Virtus et vitium *quæ* sunt *contraria.*

Si les deux antécédents sont des choses inanimées, le relatif se met au pluriel neutre.

EXEMPLE.

La vertu et le vice qui sont opposés, *virtus et vitium quæ sunt contraria.*

A QUEL CAS FAUT-IL METTRE LE RELATIF *qui, quæ, quod ?*

Règle générale.

Le relatif se met au cas où l'on mettrait l'antécédent dont il tient la place : pour le connaître, il n'y a qu'à exprimer cet antécédent au lieu du relatif qui le représente.

Règles particulières.

I.

Qui *relatif.*

Qui se met au nominatif, comme on voit par l'exemple, *Deus qui regnat.*

Cependant lorsque le verbe latin veut à un autre cas le nom qui est au nominatif en français, alors le *qui* relatif se met au cas que le verbe latin demande.

EXEMPLES.

L'enfant qui se repent, *puer quem pœnitet;* je mets *quem*, parce que les verbes *pœnitet, pudet, tœdet,* etc., veulent à l'accusatif latin le nom ou pronom qui précède le verbe français *se repentir,* etc.

Le maître qui a besoin, *magister cui opus est :* je mets *cui*, parce qu'avec *opus est*, le nominatif français se met au datif en latin : le Roi qui a intérêt, c'est-à-dire à qui il importe, *Rex cujus interest.*

REMARQUE. Si le *qui* français peut se tourner par *celui que*, mettez-le au cas que gouverne le verbe précédent.

EXEMPLE.

Envoyez qui vous voudrez; *tournez,* celui que vous voudrez, *mitte quem voles.* (Sous-entendu *mittere.*)

II.

Que relatif se met toujours au cas du verbe suivant.

EXEMPLES.

Dieu que j'aime, *Deus quem amo ;* la grammaire que j'étudie, *grammatica cui studeo.*

La grammaire que je veux étudier, *grammatica cui volo studere ;* (*cui*, parce qu'il est régime du second verbe).

REMARQUE. Si le *que* relatif est gouverné par deux verbes qui veulent différents cas, on l'exprime deux fois, et on le met au cas de chaque verbe.

EXEMPLE.

Les pauvres que nous devons aimer et secourir, *pauperes quos amare et quibus opitulari debemus.*

REMARQUE.

Qui, quœ, quod, entre deux noms auxquels il se rapporte également, s'accorde mieux avec celui qui suit. *Ex.* L'animal que nous appelons lion, *animal quem vocamus leonem.*

Il est élégant de n'exprimer l'antécédent qu'après le *qui* ou *que* relatif, et alors on met l'antécédent au même cas que le relatif. *Ex.* La lettre que vous avez écrite m'a été très-agréable.

Au lieu dire : *litterœ quas scripsisti, mihi fuerunt jucundissimœ :* dites, *quas scripsisti litteras, eœ mihi fuerunt jucundissimœ.*

III.
Dont ou *de qui.*

Dont, de qui, est toujours gouverné par le mot de la phrase après lequel on peut mettre par interrogation *de qui? de quoi?* Ce mot est ou un nom, ou un adjectif, ou un verbe.

1° Quand *dont* est gouverné par un nom, il se met au génitif.

EXEMPLE.

Dieu dont nous admirons la providence : (on peut demander *la providence de qui?*) *Deus cujus providentiam miramur.*

2° Quand *dont* est gouverné par un adjectif, il se met au cas que régit cet adjectif.

EXEMPLE.

La récompense dont vous êtes digne : (on peut demander *digne de quoi?*) *merces quâ dignus es.*

3° Quand *dont* est gouverné par un verbe, il se met au cas du verbe.

EXEMPLE.

Les livres dont je me sers, *libri quibus utor.*

IV.
A qui.

A qui se met au cas que demande le verbe ou l'adjectif auquel il se rapporte.

EXEMPLES.

L'homme a qui vous avez rendu service, *homo cui officium præstitisti,* ou par un autre cas, *homo in quem officium contulisti.*

L'enfant à qui cela est utile, *puer cui id utile est.*

V.
Par qui.

Par qui suivi d'un verbe passif, se met à l'ablatif avec *à.*

EXEMPLE.

Romulus par qui Rome fut fondée, *Romulus à quo Roma condita fuit.*

Par qui signifiant *par le moyen duquel*, s'exprime par *per* avec l'accusatif.

EXEMPLE.

Celui par qui j'ai obtenu ma grâce, *c'est-à-dire*, par le moyen duquel; *is per quem veniam impetravi.*

PRONOMS *me, te, se nous, vous, le, la, les, en, y,*

I.

Les pronoms *me, te, se, nous, vous,* se mettent au cas que gouverne le verbe ou l'adjectif auquel ils se rapportent.

EXEMPLES.

Il m'a obéi, *c'est-à-dire*, il a obéi à moi, *mihi paruit.* Je vous ai donné un livre, *c'est-à-dire*, j'ai donné à vous, *tibi dedi librum.* Cela nous sera utile, *id nobis erit utile.* Vous me louez, *me laudas.* Vous me favorisez, *mihi faves.*

II.

Le, la, les, se mettent toujours au cas du verbe suivant, et ils s'accordent en genre et en nombre avec le nom auquel ils se rapportent.

EXEMPLE.

Je vous ai promis un livre, je vous le donnerai, *tibi promisi librum, hunc tibi dabo.*

Si *le* n'est pas précédé d'un nom auquel il se rapporte, on le tourne par *cela*, et on l'exprime par *hoc, id, illud.*

EXEMPLE.

Je ne le ferai pas, *tournez*, je ne ferai pas cela, *hoc non agam.*

III.

Lui, leur, se tournent toujours par *à lui, à elle, à eux, à elles,* et ils sont gouvernés par un verbe ou par un adjectif.

EXEMPLES.

Vous lui direz, *tournez*, vous direz à lui, *dices ei.*

Cela leur est facile, *tournez*, est facile à eux, *id illis facile est*

IV.

En se tourne par *de lui, d'elle, d'eux, d'elles,* et il est gouverné ou par un nom, ou par un adjectif, ou par un verbe.

EXEMPLES.

J'ai vu votre maison, et j'en ai admiré la beauté, *c'est-à-dire*, la beauté d'elle, *vidi tuam domum, et illius pulchritudinem miratus sum.*

Vous en êtes bien content, *illâ sanè contentus es.*

J'aime cet enfant, et j'en suis aimé, *c'est-dire*, je suis aimé de lui, *puerum diligo, et ab eo diligor.*

V.

Y se tourne par *à lui, à elle, à eux, à elles,* et se met au cas du verbe suivant.

EXEMPLE.

L'affaire est très-importante, j'y donnerai mes soins, *c'est-à-dire*, à elle ; *res est gravissima, huic operam dabo.*

Voyez *en, y,* dans les adverbes de lieu.

VI.

Se.

1° On exprime *se* par *suî, sibi, se,* en le mettant au cas du verbe, quand le nominatif est une chose animée, qui fait sur elle-même l'action que marque le verbe.

EXEMPLES.

L'orgueilleux se loue : comme c'est l'orgueilleux qui se loue lui-même, dites : *superbus se laudat.* Il se flatte, *sibi blanditur.*

2° Si le pronom *se* a rapport à un nominatif de chose inanimée, ou même animée, qui ne fasse pas sur elle-même l'action marquée par le verbe, on tourne ce verbe par le passif.

EXEMPLES.

Ce mot se trouve dans Phèdre, *tournez,* ce mot est trouvé ; *vox illa invenitur apud Phœdrum.*

Il ne s'ébranle pas de vos menaces, *tournez,* il n'est pas ébranlé ; *minis non movetur tuis.*

REMARQUE. Dans les trois phrases suivantes, les nominatifs sont regardés comme choses animées.

Le poison se glisse dans les veines, *venenum sese in venas insinuat.* Si l'occasion se présente, *si se dederit occasio.* Si la chose se passe ainsi, *si res ita se habeat.*

3° Quand *se* a rapport à deux nominatifs qui font l'un sur l'autre l'action que marque le verbe, on ajoute l'adverbe *invicem* au pronom *suî, sibi, se,* à moins qu'il ne soit gouverné par une préposition.

EXEMPLES.

Pierre et Jean se louent, *Petrus et Joannes se invicem laudant ;* ils se battent, *inter se pugnant.*

Qui INTERROGATIF.

Le *qui* interrogatif n'a point d'antécédent : on le connaît, quand il peut se tourner par *quelle personne.*

I.

Quis *vestrum,* ou *ex vobis,* ou inter *vos.*

Le *qui* interrogatif s'exprime par *quis, quæ, quod,* ou *quisnam, quænam, quodnam,* et le nom pluriel qui suit se met au génitif, ou à l'ablatif avec *è, ex,* ou à l'accusatif avec *inter.*

EXEMPLES.

Qui de vous ! *Quis vestrum,* ou *ex vobis,* ou *inter vos ?*
Qui est content de son sort ? *Quis suâ sorte contentus est ?*

II.

Uter est doctior, *tune, an frater?*

Qui des deux, ou *lequel des deux,* s'exprime par *uter, utra, utrum ;* et les deux noms qui suivent se mettent au même cas que *uter :* on met *ne* après le premier, et *an* devant le second ; le superlatif français se met au comparatif en latin.

EXEMPLE.

Lequel des deux est le plus savant, de vous, ou de votre frère ? *uter est doctior, tune, an frater ?*

III.

Qui interrogatif est tantôt le nominatif, et tantôt le régime du verbe suivant.

1° Il est le nominatif, quand on peut le tourner par *qui est celui qui....*

EXEMPLE.

Qui vous a appelé ? *c'est-à-dire,* qui est celui qui vous a.... *Quis te vocavit ?*

2° Il est le régime, quand on peut le tourner par *qui est celui que....*

EXEMPLE.

Qui appelez-vous ? *c'est-à-dire,* qui est celui que vous.... *Quem vocas.*

Que INTERROGATIF.

Le *que* interrogatif se tourne par *quelle chose,* et il s'exprime par *quid,* lorsque le verbe suivant gouverne l'accusatif.

EXEMPLE.

Que faites-vous ? *tournez,* quelle chose faites-vous ? *quid agis ?*

Mais si le verbe suivant gouverne un autre cas, il faut exprimer le mot *chose*.

EXEMPLE.

Qu'étudiez-vous ? *c'est-à-dire,* quelle chose étudiez-vous ? *cui rei studes ?*

Quoi ou *que* au commencement d'une phrase, se tourne par *quelle chose,* et s'exprime par *quid.*

EXEMPLES.

Quoi de plus beau que la vertu ? *quid virtute pulchrius ?*
Que sera-ce, si.... *quid futurum est, si ?*

Quel, Quelle.

I.

Quel, quelle, s'expriment ainsi par *quis, quæ, quod,* ou *quisnam, quænam quodnam,* et s'accordent avec le nom suivant en genre, en nombre et en cas.

EXEMPLES.

Quelle mère n'aime pas ses enfans? *quæ* ou *quænam mater liberos suos non amat.*

Quel avantage y a-t-il dans la vie, *quod commodum habet vita?* ou mieux, *quid commodi habet vita?* (*Quel,* suivi d'un nom de chose, s'exprime mieux par *quid* avec le génitif.)

II.

Quel, quelle, signifiant *quantième,* s'expriment par *quotus, quota, quotum;* et l'on répond par le nombre ordinal.

EXEMPLE.

Quelle heure est-il? sept heures. *Quota hora est? septima.*

III.

Quel, quelle, quand on peut ajouter le mot *grand,* s'expriment par *quantus, quanta, quantum.*

EXEMPLE.

Quel malheur nous menace? *c'est-à-dire,* quel grand malheur! *Quanta nobis instat pernicies!*

QUIS TE REDEMIT? JESUS CHRISTUS.

RÈGLE. La réponse se met ordinairement au même cas que la demande.

EXEMPLES.

Qui vous a racheté? Jésus-Christ. *Quis te redemit? Jesus Christus.*

Qui a pitié des paresseux? personne. *Quem miseret pigrorum? neminem.*

REMARQUE. Le verbe de la demande est toujours sous-entendu dans la réponse : ainsi quand on dit : *qui vous a racheté?* et que l'on répond *Jésus-Christ;* c'est comme si l'on disait : *Jésus-Christ m'a racheté.*

Cependant avec les impersonnels *est, refert, interest*, la réponse, quand elle se fait par un pronom, se met à un autre cas.

EXEMPLES.

A qui importe-t-il? à moi. *Cujusnam interest? meâ.*
A qui appartient-il de parler? à vous. *Cujus est loqui? tuum.*

OBSERVATION.

Quand on interroge sans négation, on met en latin *an*, ou *num* devant le premier mot, ou *ne* après, et la réponse se fait par le verbe de l'interrogation.

EXEMPLES.

Dormez-vous? *num dormis?* Non, *non dormio.* (*Num* s'emploie, quand la réponse doit être négative.)
Avez-vous le roi? *Vidisti-ne regem?* Oui, *vidi.* (1)

Si l'interrogation se fait par deux négations, *ne je pas, ne tu pas*, etc., on met *an-non* ou *nonne* devant le premier mot.

EXEMPLE.

N'avez-vous pas vu le roi? *an-non*, ou *nonne vidisti regem?* Non, *non vidi.*

Quand on commande, le verbe se met à l'impératif.

EXEMPLE.

Laquais, chassez les mouches; *puer, abige muscas.*

Si le verbe est à la troisième personne, on emploie la troisième personne du présent du subjonctif, et l'on n'exprime pas le *que* français.

---

(1) Si l'interrogation tient lieu de *lorsque*, on l'exprime par *quùm*. Avait-il soupé, il s'en allait ; *tournez*, lorsqu'il avait soupé, il.... *Quùm cœnaverat, abibat.*

EXEMPLE.

Qu'il s'en aille, le traître ; *abeat proditor.*

Quand on défend, on met *ne* avec le subjonctif ou l'impératif ; ou bien l'on se sert de *noli* pour le singulier, *nolite*, pour le pluriel, avec l'infinitif.

EXEMPLE.

N'insultez pas les malheureux, *ne insultes* ou *ne insulta miseris,* ou bien *noli, nolite insultare miseris.* (On met *nolite* pour le pluriel.)

Lorsque le verbe est à la troisième personne, on se sert toujours de *ne* avec le subjonctif.

EXEMPLES.

Qu'il ne dise pas, *ne dicat.* Qu'il ne sorte pas de la maison, *domo ne exeat.*

SYNTAXE DES PARTICIPES.

Il y a en latin deux participes de l'actif, comme *amans,* aimant, *amaturus,* devant aimer ; deux du passif, comme *amatus,* aimé, *amandus,* devant être aimé.

Les participes sont de véritables adjectifs qui s'accordent en genre, en nombre et en cas avec le nom auquel ils se rapportent, et de plus ils gouvernent le même cas que les verbes d'où ils viennent.

I.
Participes joints au nominatif.

Le participe qui se rapporte au nominatif du verbe, s'accorde avec le nominatif en genre, en nombre et en cas.

EXEMPLES.

Un coq cherchant de la nourriture, trouva une perle ; *gallus escam quærens, margaritam reperit.*

Cicéron devant prononcer un discours, *Cicero orationem habiturus.*

L'enfant ayant été interrogé, répondit ; *puer interrogatus, respondit.*

Devant être interrogé; il craignait, *interrogandus, timebat*.

II.

Participes joints au régime du verbe.

Le participe qui se rapporte au régime du verbe, s'accorde avec ce régime en genre, en nombre et en cas. (Le participe se rapporte ordinairement au régime du verbe, quand ce régime est un des pronoms, *le, la, les, lui, leur.*)

EXEMPLES.

La ville ayant été prise, l'ennemi la pilla, *tournez*, l'ennemi pilla la ville prise; *urbem captam hostis diripuit*.

Les citoyens devant être passés au fil de l'épée, le vainqueur leur pardonna; *tournez*, le vainqueur pardonna aux citoyens devant être passés.... *Civibus ferro necandis victor pepercit*.

III.

Ablatif absolu.

Quand le participe ne se rapporte ni au nominatif, ni au régime du verbe, on met à l'ablatif ce participe, et le nom auquel il est joint, les faisant accorder en genre et en nombre.

EXEMPLES.

Les parts étant faites, le lion parla ainsi; (1) *partibus factis, sic locutus est leo.*

La lettre étant déjà écrite, votre esclave est venu; *scriptâ jam epistolâ, venit puer tuus.* (Voyez *Participes français*, ci-après.

SYNTAXE DES PRÉPOSITIONS.

On a vu dans la première partie, qu'il y a trente prépositions qui gouvernent l'accusatif, et quinze qui gouvernent l'ablatif.

---

(1) On sous-entend une préposition, *à partibus factis*, après les parts faites.

Les prépositions servent principalement à marquer de quelle manière une chose se fait, en quel lieu, dans quel temps, c'est-à-dire, les différentes circonstances de temps, de lieu, de manière, etc. On sous-entend quelquefois les prépositions, quoiqu'elles soient toujours la véritable cause du régime. J'indiquerai en note les prépositions sous-entendues.

I.

NOMS DE MATIÈRE.

Vas *ex auro*.

Le nom qui exprime la matière dont une chose est faite, se met à l'ablatif avec *è* ou *ex*.

EXEMPLES.

Un vase d'or, *vas ex auro*.

Une statue d'airain, *signum ex œre*.

On pourrait aussi du nom de matière faire un adjectif, qui doit s'accorder avec le nom. *Ex.* Un vase d'or, *vas aureum;* une statue d'airain, *signum œreum*.

II.

NOMS DE MESURE, DE DISTANCE ET D'ESPACE.

Velum longum *tres ulnas*, ou *tribus ulnis*.

Le nom qui marque la mesure ou la distance, se met à l'accusatif ou à l'ablatif sans préposition.

EXEMPLES.

Un voile long de trois aunes, *velum longum* (1) *tres ulnas*, ou (2) *tribus ulnis*.

Il est éloigné de vingt pas, *abest* ou *distat vigenti passus*, ou *vigenti passibus*.

Si le nom de mesure est précédé d'un comparatif, il se met toujours à l'ablatif.

EXEMPLE.

Vous n'êtes pas plus grand que moi de deux doigts, *duobus digitis major me non es*.

---

(1) *Ad.* — (2) *Ex.*

Le lieu précis où une chose est arrivée, se met à l'ablatif sans préposition, ou à l'accusatif avec *ad*, et alors on se sert du nombre ordinal, *primus, secundus, tertius,* etc.

EXEMPLE.

Il est tombé à dix pas d'ici, *cecidit decimo abhinc passu,* ou *ad decimum abhinc passum.*

III.

NOMS DE L'INSTRUMENT, DE LA CAUSE, DE LA MANIÈRE, ETC.

Le nom de l'instrument dont on se sert pour faire quelque chose, la cause pourquoi elle se fait, la manière dont elle se fait, et le nom de la partie se mettent à l'ablatif sans préposition.

EXEMPLES.

Du nom d'instrument.

Frapper de l'épée *ou* avec l'épée, *ferire* (1) *gladio.*

Du nom de cause.

Il mourut de faim, (2) *fame interiit.*

Du nom de manière.

Vous l'emportez en beauté, en grandeur; *vincis formâ, vincis magnitudine.*

Du nom de la partie.

Je tiens le loup par les oreilles, *teneo lupum auribus.*

IV.

NOM DU PRIX, DE LA VALEUR.

Hic liber constat *vigenti assibus.*

Le nom qui marque le prix, la valeur de quelque chose, se met à l'ablatif sans préposition.

EXEMPLE.

Ce livre coûte vingt sous, *hic liber constat* (3) *vigenti assibus.*

---

(1) *Cum.* — (2) *Præ.* — (3) *Pro.*

V.

NOM DE TEMPS.

Veniet *die dominicâ.*

1° Si l'on veut marquer quand une chose s'est fai-te ou se fera, *quandò;* le nom de temps se met à l'a-blatif sans préposition.

EXEMPLES.

Il viendra dimanche, *veniet* (1) *die dominicâ;* le mois prochain, *mense proximo;* à trois heures, *horâ tertiâ.* (A la question *quandò,* l'on se sert du nombre ordinal.)

Regnavit *tres annos,* ou *tribus annis.*

2° Quand on veut marquer combien de temps une chose a duré ou durera, *quamdiù,* le nom de temps se met à l'accusatif ou à l'ablatif sans préposi-tion, et l'on se sert du nombre cardinal.

EXEMPLE.

Il a régné trois ans, *regnavit* (2) *tres annos,* ou (3) *tri-bus annis.*

Tertium annum regnat.

3° Quand on veut marquer depuis quel temps une chose se fait, *à quo tempore,* le nom de temps se met à l'accusatif, et l'on se sert du nombre ordinal ou cardinal.

EXEMPLES.

Il y a trois ans qu'il règne, *tertium annum regnat.* Cic. On dit aussi *à tribus annis.*

Il y a plusieurs années que je suis lié avec votre père, *multos annos utor familiariter patre tuo.*

Si le temps est passé, et qu'il ne dure plus, on met le nom de temps à l'accusatif, ou à l'ablatif avec *ab-hinc,* et l'on se sert du nombre cardinal.

EXEMPLE.

Il y a trois ans qu'il est mort, (4) *tribus abhinc annis,* ou (5) *tres abhinc annos mortuus est.*

---

(1) *In.* — (2) *Per.* — (3) *In.* — (4) *A.* (5) — *Ante.*

Id fecit *intra tres dies.*

4° Quand on veut marquer en quel espace de temps une chose s'est faite ou se fera, *quanto tempore*, le nom de temps se met à l'accusatif avec *intra.*

EXEMPLE.

Dieu a créé le monde en six jours, *Deus mundum creavit intra sex dies.*

Dans suivi d'un nom de temps s'exprime par *post* avec l'accusatif, quand il peut se tourner par *après.*

EXEMPLE.

Je partirai dans trois jours, c'est-à-dire après trois jours; *post tres dies proficiscar.*

Noms de lieu.

Il y a quatre questions de lieu : *ubi,* où l'on est; *quò,* où l'on va; *undè,* d'où l'on vient; *quà,* par où l'on passe.

I.

QUESTION *ubi.*

Quand on marque le lieu où l'on est, où l'on fait quelque chose, c'est la question *ubi.*

Sum *in Galliâ, in urbe.*

1° A la question *ubi,* le nom de lieu se met à l'ablatif avec *in.*

EXEMPLES.

Je suis en France, *sum in Galliâ;* dans la ville, *in urbe.*

Il se promène dans le jardin, *ambulat in horto.* (On met *horto* à l'ablatif, parce qu'il ne sort pas du lieu.)

Natus est *Avenione, Athenis.*

2° On sous-entend la préposition, quand c'est un nom propre de ville.

EXEMPLES.

Il est né à Avignon, *natus est Avenione;* à Athènes, *Athenis.*

8

Habitat *Lugduni*, *Romœ*.

3° Si le nom propre de ville est au singulier, et de la première ou seconde déclinaison, on le met au génitif, parce qu'on sous-entend *in urbe*.

EXEMPLES.

Il demeure à Lyon, *hibitat Lugduni;* à Rome, *Romœ*.

Les noms *domus*, *humus*, se mettent aussi au génitif, *domi*, *humi*... Est-il à la maison? *Est-ne domi?* On dit aussi *militiœ*, *belli*, en temps de guerre (sous-entendu *tempore*.)

Cœnabam *apud patrem*.

4° Le nom de la personne se met à l'accusatif avec *apud*.

EXEMPLE.

Je soupais chez mon père, *cœnabam apud patrem*.

II.

QUESTION *quò*.

La question *quò* se connaît lorsque le verbe signifie mouvement pour aller, venir en quelque lieu, partir pour quelque lieu.

Eo *in Galliam*, *in urbem*.

1° A la question *quò*, le nom du lieu où l'on va... se met à l'accusatif avec *in*, quand on entre dans le lieu, et avec *ad*, quand on ne va qu'auprès.

EXEMPLES.

Je vais en France, *eo in Galliam;* à la ville, *in urbem*.

Ils vinrent au même ruisseau, *venerunt ad eumdem rivum*.

Ibo *Lutetiam*, *Lugdunum*.

2° On sous-entend la préposition, quand c'est un nom propre de ville, et devant *rus*, *domum*.

EXEMPLES.

J'irai à Paris, *ibo Lutetiam ;* à Lyon, *Lugdunum*.

Je vais à la campagne, *eo rus ;* à la maison, *eo domum*.

Si l'on se sert du verbe *petere* pour exprimer *aller*, on met toujours le nom de lieu à l'accusatif sans préposition : Je vais au collége, *peto collegium.*

Eo *ad patrem , ad sacram concionem.*

3° **Le nom de la personne et celui de la chose se mettent à l'accusatif avec** *ad.*

EXEMPLES.

Je vais chez mon père, *eo ad patrem ;* au sermon, *ad sacram concionem.*

III.

QUESTION *undè.*

La question *undè* se connaît, lorsque le verbe signifie mouvement pour partir, ou venir de quelque lieu.

Redeo *ex Galliâ, ex urbe.*

1° **A la question** *undè*, **le nom du lieu d'où l'on part, d'où l'on vient, se met à l'ablatif avec** *è* **ou** *ex.*

EXEMPLES.

Je reviens de la France, *redeo ex Galliâ ;* de la ville, *ex urbe.*

Il est sorti de sa chambre, *egressus est è cubiculo.*

Redeo *Lugduno , Româ.*

2° **On sous-entend la préposition , quand c'est un nom propre de ville , et devant** *rure, domo.*

EXEMPLES.

Je reviens de Lyon, *redeo Lugduno ;* de Rome, *Româ ;* de la campagne, *rure ;* de la maison, *domo.*

Venio *à patre , à venatione.*

3° **Le nom de la personne et celui de la chose se mettent à l'ablatif avec** *à* **ou** *ab.*

EXEMPLES.

Je viens de chez mon père, *venio à patre ;* de la chasse, *à venatione.*

IV.

QUESTION *quà.*

Quand on marque le lieu par où l'on passe, c'est la question *quà.*   8*

Iter feci *per Galliam*, *per Lugdunum*.

A la question *quà*, tous les noms des lieux par où l'on passe, se mettent à l'accusatif avec *per*.

EXEMPLES.

J'ai passé par la France, *iter feci per Galliam;* par Lyon, *per Lugdunum*.

Quand on se sert de *transire*, verbe composé de *ire*, aller, et *trans*, au-delà, on met l'accusatif sans la préposition *per;* il passa par la ville, *transiit urbem*.

Iter faciam *per domum avunculi mei*.

Par chez avec un nom de personne, se tourne ainsi : par la maison de, et se dit en latin *per domum*.

EXEMPLE.

Je passerai par chez mon oncle, *iter faciam per domum avunculi mei*.

REMARQUE. Quand après un nom propre de ville, se trouve le nom commun, *ville, endroit*, on met d'abord le nom propre au cas marqué dans chaque question, mais on exprime la préposition devant le nom commun.

EXEMPLES.

Ils s'arrêtèrent à Corinthe, lieu célèbre; *constiterunt Corinthi, in loco nobili*.

Je vais à Rome, ville d'Italie; *eo Romam, in urbem Italiæ*.

Je reviens de Lyon, ville de France; *redeo Lugduno, ex urbe Galliæ*.

Si le nom commun, *ville*, est devant le nom propre, il faut exprimer la préposition, et mettre le nom propre au cas de la préposition.

EXEMPLE.

Il demeure dans la ville de Lyon, *habitat in urbe Lugduno*.

Domus et *rus*, suivis d'un génitif ou d'un adjectif, prennent la préposition.

EXEMPLE.

Il demeure dans la maison de César, dans une campagne agréable; *habitat in domo Cæsaris, in rure amœno.*

ADVERBES DE LIEU.

QUESTION *ubi.*	QUESTION *quò.*	QUESTION *undè.*	QUESTION *quà.*
Où, *ubi.*	Où, *quò.*	D'où, *undè.*	Par où, *quà.*
Ici où je suis, *hìc.*	Ici où je suis, *huc.*	D'ici où je suis, *hinc.*	Par ici où je suis, *hàc.*
Là où tu es, *istìc.*	Là où tu es, *istuc.*	De là où tu es, *istinc.*	Par là ou tu es, *istàc.*
Là où il est, *illìc.*	Là où il est, *illuc.*	De là où il est, *illinc.*	Par là où il est, *illàc.*
Là, y, *ibi.*	Là, y, *eò.*	De là, en, *indè.*	Par là, y, *eà.*
Ailleurs, *alibi.*	Ailleurs, *aliò.*	De quelque part, *alicundè.*	Par quelqu'en-droit; *aliquà.*
Quelque part, *alicubi, uspiam.*	Quelque part, *quòpiam.*	De quelqu'en-droit que ce soit, *undecumque.*	Par quelqu'en-droit que ce soit, *quacumque.*
Partout où, en quelque lieu que ce soit, *ubicumque.*	Partout où, en quelque lieu que ce soit, *quòcumque.*		
Là même, *ibidem.*	Là même, *eòdem.*	Du même lieu, *indidem.*	Par le même lieu, *eàdem.*
Nulle part, *nusquàm*	Nulle part, *nusquàm.*		
Dehors, *foris.*	Dehors, *foràs,*		
Dedans, *intùs.*	Dedans, *intrò.*		

SYNTAXE DES ADVERBES.

RÉGIME.

Les adverbes de quantité gouvernent le génitif.

EXEMPLES.

Peu de vin, *parùm vini.*
Beaucoup d'eau, *multùm aquæ.*
Plus de force, *plus virium.*
Moins de vertu, *minùs virtutis.*

Assez de paroles, *satis verborum*.

Trop de piéges, *nimis insidiarum*.

Les adverbes de temps et de lieu gouvernent le génitif.

EXEMPLES.

En quel lieu du monde? *ubi terrarum?*

Nulle part, en aucun lieu du monde, *nusquam gentium.*

Pridiè, la veille; *postridiè,* le lendemain, veulent le génitif ou l'accusatif.

EXEMPLES.

Le jour devant les Calendes, *pridiè Calendarum* ou *Calendas*. (On sous-entend *ante.*)

Le jour d'après les Ides, *postridiè Iduûm* ou *Idus*. (Sous-entendu *post.*)

En, ecce, voici, voilà, veulent après eux le nominatif ou l'accusatif : voici, voilà le loup : *en, ecce lupus* (sous-entendu *adest*); *en, ecce lupum* (sous-entendu *aspice.*)

Ergo, employé pour *causâ,* veut le génitif et se met après son régime : à cause de lui, ou pour l'amour de lui, *illius ergo.*

Instar, comme, veut le génitif, et se met après son régime : comme une montagne, *montis instar.*

Obviam, au-devant, veut le datif : aller au-devant de quelqu'un, *ire obviam alicui.*

SYNTAXE DES CONJONCTIONS.

RÉGIME.

Parmi les conjonctions, les unes gouvernent le subjonctif, les autres gouvernent l'indicatif. Voici celles dont l'usage est le plus fréquent.

Quùm, signifiant *lorsque,* ne veut le subjonctif que devant l'imparfait.

EXEMPLE.

Lorsque la ville d'Athènes florissait, *quùm Athenœ florerent.*

Quùm, signifiant *puisque, vu que, comme*, **régit toujours le subjonctif.**

EXEMPLES.

Puisque vous le voulez, *quùm id velis.*

Puisque vous l'avez voulu, *quùm id volueris.*

Dùm, signifiant *tandis que*, **ne veut le subjonctif que devant l'imparfait.**

EXEMPLE.

Tandis qu'un chien portait de la chair, *dùm canis ferret carnem.*

Dùm, signifiant *pourvu que, jusqu'à ce que*, **veut toujours le subjonctif.**

EXEMPLE.

Pourvu que je porte mon bât, *clitellas dùm portem meas.*

Si **régit le subjonctif devant l'imparfait et le plus-que-parfait.**

EXEMPLE.

Si tu le faisais, si tu l'avais fait à cause de moi; *id si faceres, si fecisses causâ meâ.*

REMARQUE. **Quand après** *si*, **il y a un second verbe au futur, on met bien le premier verbe au futur.**

EXEMPLES.

Si vous venez vous me ferez plaisir, *si veneris pergratum mihi feceris.*

Si vous lisez ce livre j'en serai charmé, *quem librum si leges lœtabor.*

Ut, signifiant *afin que, pour*, **gouverne toujours le subjonctif.**

EXEMPLE.

Afin que je repose pendant le jour, *luce ut quiescam.*

Ut, signifiant *comme, de même que*, **veut l'indicatif.**

EXEMPLE.

Comme l'on dit, *ut aiunt*.

Ut, signifiant *aussitôt que*, *dès que*, veut l'indicatif.

EXEMPLE.

Dès que je fus sorti de la ville, *ut ab urbe discessi.*
(Voyez *Conjonctions françaises*, ci-après.)

FIN DE LA SECONDE PARTIE.

TROISIÈME PARTIE.

MÉTHODE
OU MANIÈRE DE RENDRE EN LATIN LES GALLICISMES LES PLUS FRÉQUENTS.

Les différences qui se trouvent entre les deux langues, relativement aux noms et aux adjectifs, sont indiquées dans le dictionnaire : il suffit d'avertir les enfants de faire attention au genre de chaque nom latin ; ils doivent aussi, quand ils cherchent un verbe, remarquer s'il est actif, neutre ou déponent.

CHAPITRE PREMIER.

DES VERBES.

VERBES A L'INDICATIF OU AU SUBJONCTIF EN FRANÇAIS, QU'IL FAUT TOURNER PAR L'INFINITIF EN LATIN, ou *que retranché.*

On appelle *que retranché*, celui qui, étant entre deux verbes français, ne peut pas se tourner par *lequel, laquelle,* et qui ne s'exprime point en latin.

EXEMPLE.

Je crois que vous pleurez, *tournez,* je crois vous pleurer.

RÈGLE. Après les verbes, *croire, savoir, assurer, se persuader, prétendre, connaître, espérer,* etc., ou n'exprime pas *que* et l'on met à l'accusatif le

8**

nom ou **pronom qui suit**, et le second verbe à l'infinitif latin.

EXEMPLE.

Je crois que vous pleurez, *credo te flere.*

Quand le *que* retranché est suivi d'une phrase *incidente*, ce
n'est pas le verbe de la phrase incidente qui se met à l'infinitif,
mais c'est l'autre verbe qui est ordinairement le dernier.
Exemple. Soyez persuadé qu'un enfant (qui honore ses parens)
sera aimé de Dieu : *persuasum habeto puerum (qui parentes vere-
tur) à Deo amatum iri.* On appelle *phrase incidente* celle qui est
jointe à une autre par un de ces mots, *qui, pour, si,* etc.

A QUEL TEMPS DE L'INFINITIF LATIN FAUT-IL METTRE LE VERBE FRANÇAIS QUI SUIT LE *que* RETRANCHÉ ?

Règle générale.

Comparez les temps que marquent les deux verbes.

1° Si les deux actions exprimées par les deux
verbes, se font ou ont été faites dans le même temps,
mettez le second verbe français au présent de l'infinitif latin.

2° Si l'action du second verbe était déjà faite dans
le temps que marque le premier verbe, mettez le
parfait de l'indicatif.

3° Si l'action du second verbe était encore à faire
dans le temps du premier verbe, mettez le futur de
l'infinitif.

Règles particulières.

TEMPS DU VERBE FRANÇAIS QU'IL FAUT METTRE AU PRÉSENT DE L'INFINITIF LATIN.

I.

1° Mettez au présent de l'infinitif le présent de
l'indicatif français.

EXEMPLE.

Je crois qu'il lit, *credo illum legere.*

2° Mettez au présent de l'infinitif l'imparfait de
l'indicatif, quand le premier verbe est à l'un des trois
parfaits.

EXEMPLE.

Je croyais, j'ai cru, j'avais cru qu'il lisait ; *credebam, credidi, credideram illum legere.* (1)

3° Mettez encore au présent de l'infinitif le présent du subjonctif, quand on peut le tourner par le présent de l'indicatif, en transportant la négation du premier verbe au second.

EXEMPLE.

Je ne crois pas qu'il lise, *on peut tourner,* je crois qu'il ne lit pas ; *non credo illam legere.*

II.

APRÈS UN *que* RETRANCHÉ , METTEZ AU PARFAIT DE L'INFINITIF LATIN LES TROIS TEMPS SUIVANS :

1° Le parfait et le plus-que-parfait de l'indicatif français.

EXEMPLE.

Je crois qu'il a lu, qu'il avait lu ; *credo illum legisse.*

2° L'imparfait de l'indicatif, quand le premier verbe est au présent ou au futur.

EXEMPLE.

Je crois, je croirai qu'il lisait ; *credo, credam illum legisse.*

3° Le futur passé et le parfait du subjonctif, quand on peut le tourner par le parfait de l'indicatif.

EXEMPLES.

Je crois qu'il aura déjà dîné, *tournez,* je crois qu'il a déjà dîné ; *credo illum jam prandisse.*

Je ne crois pas qu'il ait encore dîné, *tournez,* je crois qu'il n'a pas encore dîné ; *non credo illum jam prandisse.*

---

(1) Si cependant le second verbe marque un temps plus ancien que le premier, mettez ce second verbe au parfait de l'infinitif latin. *Ex.* Je vous ai dit que Phèdre était esclave, *tibi dixi Phædrum fuisse servum.*

III.

APRÈS UN *que* RETRANCHÉ, METTEZ AU FUTUR DE L'INFINITIF LATIN LES TROIS TEMPS SUIVANS :

1° Le futur de l'indicatif français.

EXEMPLE.

Je crois qu'il viendra demain, *credo illum cras venturum esse.*

2° Le présent du subjonctif, quand on peut le tourner par le futur de l'indicatif, en transportant la négation du premier verbe au second.

EXEMPLE.

Je ne crois pas qu'il vienne demain, *on peut tourner,* je crois qu'il ne viendra pas demain ; *non credo illum cras venturum esse.*

3° L'imparfait du subjonctif terminé en *rais*. (Autrement le conditionel présent.)

EXEMPLE.

Je croyais qu'il viendrait demain, *putabam eum cras venturum esse.*

IV.

APRÈS UN *que* RETRANCHÉ, METTEZ AU FUTUR PASSÉ DE L'INFINITIF EN LATIN :

Le plus-que-parfait du subjonctif français, (autrement le conditionel passé.)

EXEMPLE.

Je crois qu'il serait venu si... *credo illum venturum fuisse si...*

Cependant s'il peut se tourner par le plus-que-parfait de l'indicatif, mettez-le au parfait de l'infinitif.

EXEMPLE.

Je ne savais pas que vous fussiez arrivé, *tournez,* que vous étiez arrivé ; *nesciebam te advenisse.*

REMARQUE. L'imparfait du subjonctif terminé en *asse, isse, usse,* se tourne quelquefois par l'imparfait de l'indicatif, et alors il en suit la règle.

EXEMPLES.

Je ne croyais pas, je n'ai pas cru, je n'avais pas cru que vous fussiez malade, *tournez*, que vous étiez.... *non credebam, non credidi, non credideram te œgrotare*. (Je mets le présent *œgrotare*, parce que le premier verbe est à l'un des trois parfaits.)

Je ne crois pas, je ne croirai pas que vous fussiez malade, *tournez*, que vous étiez, *non credo, non credam te œgrotavisse*. (Je mets le parfait de l'infinitif, parce que le premier verbe est au présent ou au futur.)

Quelquefois l'imparfait en *asse, insse* .... se tourne par le futur de l'indicatif, et alors il suit la règle du futur.

EXEMPLE.

Si je croyais que vous vinssiez bientôt, je vous attendrais, *tournez*, que vous viendrez, *si putarem te brevi venturum esse, te expectarem*.

PREMIÈRE OBSERVATION.

Lorsqu'après un *que* retranché, on doit mettre le verbe à l'un des deux futurs de l'infinitif, et que le verbe latin n'en a point.

1º Exprimez le futur de l'indicatif et le présent du subjonctif français par *fore ut*, ou *futurum esse ut*, avec le présent du subjonctif latin.

EXEMPLE.

Je crois que vous vous repentirez, *credo fore ut te pœniteat*.

2º Exprimez le conditionnel présent par *fore ut*, avec l'imparfait du subjonctif latin.

EXEMPLE.

Je croyais que vous vous repentiriez, *credebam fore ut te pœniteret*.

3º Exprimez le conditionnel passé par *futurum fuisse ut*, avec l'imparfait du subjonctif latin.

EXEMPLE.

Je croyais que vous vous seriez repenti, *credebam futurum fuisse ut te pœniteret*.

On se sert encore de *fore ut*, avec le parfait du subjonctif, pour exprimer le futur passé, et le parfait du subjonctif, quand ils marquent l'avenir.

EXEMPLES.

Vous croyez qu'il aura bientôt terminé cette affaire, *credis fore ut brevi illud negotium confecerit.*

Je ne crois pas qu'il ait sitôt terminé cette affaire, *non credo fore ut tam citò illud negotium confecerit.*

SECONDE OBSERVATION.

Quand les verbes *croire, espérer, promettre, se souvenir*, etc., sont suivis d'un infinitif français, tournez la phrase de manière qu'il y ait un *que* entre les deux verbes, et alors vous suivrez la règle du *que* retranché.

EXEMPLES.

Je crois avoir lu, *tournez*, que j'ai lu; *credo me legisse.*

Vous croyez être heureux, *tournez*, que vous êtes heureux; *credis te esse beatum.*

Il espère partir bientôt, *tournez*, qu'il partira bientôt; *sperat se brevi profecturum.*

Je me souviens d'avoir lu, *tournez*, que j'ai lu; *memini me legere.* (Après *memini* on met mieux le présent que le parfait de l'infinitif.) (1)

VERBES APRÈS LESQUELS LE *que* OU *de* FRANÇAIS SE REND EN LATIN PAR PLUSIEURS CONJONCTIONS.

Conseiller de, *suadere ut.*

Conseiller de ne pas, *suadere ne.*

RÈGLE. Après les verbes *conseiller, persuader*,

---

(1) *Il faut éviter dans les matières de composition que l'on donne aux enfants, ces locutions :* je crois qu'il part demain, *pour*, qu'il partira : je croyais que vous partiez demain, *pour*, que vous partiriez : je dirai que vous serez sage, *pour*, que vous êtes sage : je n'aurais pas cru que vous fussiez devenu si savant, *pour*, que vous deviendriez, etc. *Le bon sens leur indiquera dans la suite la véritable valeur de ces temps, beaucoup mieux que toutes les règles*

souhaiter, faire en sorte, commander, prier, avoir soin, il faut, il est juste, il est nécessaire, il arrive, il importe, etc., le *de* ou *que* s'exprime par *ut* avec le subjonctif, et s'il suit une négation, par *ne* ou par *ut ne.*

EXEMPLES.

Je vous conseille de lire, *tournez,* que vous lisiez; *suadeo tibi ut legas ;* de ne pas jouer, *ne ludas.*

Ayez soin de vous bien porter, *cura ut valeas;* de ne pas tomber malade, *ne in morbum incidas.*

Après *curare,* avoir soin, on met élégamment le participe du futur en *dus, da, dum,* si le verbe a un régime avec lequel on puisse le faire accorder. *Ex.* Il a eu soin de me faire tenir la lettre, *litteras ad me perferendas curavit.*

Après *oportet, volo, nolo, malo,* on met élégamment le participe passé en *us, a, um. Ex.* Je veux vous avertir d'une chose, *unum te monitum volo.*

EXEMPLE.

Dites-lui, avertissez-le de prendre garde à lui; *tournez,* qu'il prenne garde.... *dic illi, mone illum ut sibi caveat.*

REMARQUE. Après *dire, avertir, persuader, écrire,* **le** *que* **se retranche, quand il ne peut pas se tourner par** *de.*

EXEMPLE.

Dites-lui, avertissez-le que je suis arrivé, *dic illi, mone illum me advenisse.* (De même après *jubere,* commander, le *que* se retranche presque toujours, et le verbe suivant se met au présent de l'infinitif.)

IL N'IMPORTE pas que... *ou* **que...** *nihil... refert utrùm... an...*

RÈGLE. Quand après *il n'importe pas, il importe peu, qu'importe,* **il y a deux** *que* **ou deux** *de,* **on les tourne par** *si,* **et on exprime le premier par** *utrùm,* **et le second par** *an,* **avec le subjonctif.**

EXEMPLE.

Il ne m'importe pas, que m'importe d'être riche ou

pauvre, *tournez, si je suis riche....* *nihil meâ refert, quid meâ refert ùtrùm dives sim an pauper?* (Au lieu d'*utrùm* on peut mettre *ne* après le premier mot, *dives-ne sim an pauper*.)

Après *se mettre peu en peine*, *parùm curare*, les deux *que* s'expriment aussi par *utrùm, an;* et si à la place du second *que*, il y a ces mots, *ou non*, on les exprime par *an-non*, ou *nec-ne*.

EXEMPLE.

Je me mets peu en peine que vous m'écoutiez ou non, *parùm curo utrùm me audias nec-ne*.

OBSERVATION.

A quel temps du subjonctif latin faut-il mettre l'infinitif français qui suit *de* exprimé par *ut, ne, an, utrùm, quin?*

Si le premier verbe est au présent ou au futur, on met en latin le second au présent du subjonctif, et le régime du premier verbe devient le nominatif du second.

EXEMPLES.

| Je vous conseille | de lire | *Tibi suadeo* | ut legas. |
| Je vous conseillerai | | *Tibi suadebo* | |

Mais si le premier verbe est à l'un des trois parfaits, on met le second à l'imparfait du subjonctif.

Je vous conseillais	de lire	*Tibi suadebam*	ut legeres.
Je vous ai conseillé		*Tibi suasi*	
Je vous avais conseillé		*Tibi suaseram*	

CRAINDRE de, *ou que ne...* *timere ne.*

CRAINDRE de ne pas, *ou que ne pas....* *timere ut,* ou *ne non.*

RÈGLE. Après *craindre, appréhender, avoir peur*, etc., *de* ou *que* suivi du *ne* seulement, s'exprime par *ne* avec le subjonctif.

EXEMPLE.

Je crains que le maître ne vienne, *timeo ne præceptor veniat*.

Mais après ces verbes, *que* ou *de*, suivi de *ne pas* ou *ne point*, s'exprime par *ut* ou *ne non*.

EXEMPLE.

Je crains que le maître ne vienne pas, *timeo ut præceptor veniat*, ou *ne non præceptor veniat*.

Quand le verbe *craindre* signifie *faire difficulté*, on l'exprime par *dubitare*, avec l'infinitif; et s'il signifie *ne pas oser*, on l'exprime par *non audere*. *Ex.* Il ne craint pas d'avouer, *tournez*, il ne fait pas difficulté d'avouer ; *fateri non dubitat :* je crains de dire, *tournez*, je n'ose dire, *non audeo dicere.*

PRENDRE GARDE de, *ou* que ne, *cavere ne.*

RÈGLE. Après les verbes *prendre garde, dissuader*, *de* ou *que ne*, s'expriment par *ne*, avec le subjonctif.

EXEMPLES.

Prenez garde de tomber, *ou* que vous ne tombiez, *cave ne cadas*.

Dissuadez-le de partir, *illi dissuade ne proficiscatur.*

Prendre garde, signifiant *avoir soin, faire en sorte*, s'exprime par *curare, dare operam*, et *que* par *ut* avec le subjonctif.

EXEMPLE.

Prenez garde que tout soit prêt, *c'est-à-dire*, ayez soin que.... *da operam ut omnia sint parata.*

Si *prendre garde* signifie *remarquer*, on l'exprime par *animadvertere*, et le *que* se retranche. *Ex.* Il ne prend pas garde qu'on se moque de lui. *c'est-à-dire*, il ne remarque pas.... *non animadvertit se derideri*

N'AVOIR GARDE de... SE GARDER BIEN de... *non committere ut.*

RÈGLE. Après *se garder bien de... n'avoir garde de*, on exprime *de* par *ut*, avec le subjonctif.

EXEMPLE.

Je me garderai bien de vous quitter, *non committam ut à te discedam.*

MÉRITER, ÊTRE DIGNE de *ou que... dignum esse ut.*

RÈGLE. Après *mériter, être digne,* de ou *que,* s'exprime par *ut,* avec le subjonctif. (1)

EXEMPLES.

Il mérite de commander, *tournez,* qu'il commande; *dignus est ut imperet :* on dit mieux *dignus est qui imperet.* (*Qui* tient lieu de *ut ille.*)

Il mérite que j'aie pitié de lui, *dignus est ut illius me misereat,* ou *cujus me misereat.* (*Cujus* tient lieu de *ut illius.*)

Vous méritez qu'il vous favorise, *dignus es ut tibi faveat,* ou *cui faveat.* (*Cui* tient lieu de *ut tibi.*)

Il mérite que je l'honore, *dignus est ut eum colam,* ou *quem colam.* (*Quem* tient lieu de *ut eum.*)

Vous méritez qu'il vous rende service, *dignus es ut de te benè mereatur,* ou *de quo benè mereatur.* (*De quo* tient lieu de *ut de te.*)

REMARQUE. *Qui, quæ, quod,* est employé pour *ut* et un pronom, et il se met au cas où l'on mettrait le pronom : ainsi, quand après mériter, il n'y a point de pronom qui se rapporte au nominatif du verbe *mériter,* on ne peut pas employer *qui, quæ, quod,* mais li faut se servir de *ut.*

EXEMPLE.

Vous méritez bien que j'agisse ainsi, *dignus sanè es ut sic agam,* et non pas *qui sic agam.*

---

(1) *Ut conjux essem tua digna videbar.* Ovid. *Respondit se meruisse ut....* Cic. de Orat. 481.

EMPÊCHER, DÉFENDRE de *ou* que ne... *prohibere ne.*

Ne pas empêcher, ne pas défendre de, *ou que, non prohibere quin, quominùs.*

RÈGLE. Après les verbes *empêcher*, *défendre*, quand ils ne sont pas accompagnés d'une négation ou d'une interrogation, *de* ou *que ne* s'expriment par *ne* avec le subjonctif, et le régime de la personne sert de nominatif au second verbe.

EXEMPLES.

Dieu nous défend de mentir, *tournez*, défend que nous ne mentions; *Deus prohibet ne mentiamur.*

Cela m'a empêché de partir, *id impedivit ne proficiscerer.*

Mais quand il y a une négation, ou une interrogation jointe au verbe *empêcher*, *défendre*, *de* ou *que ne* s'expriment par *quin* ou *quominùs.*

EXEMPLES.

Je ne vous empêche pas, qui vous empêche de partir? *tournez*, que vous partiez; *non impedio, quis impedit quin proficiscaris.*

Après *il ne tient pas à moi, à quoi tient-il? que ne* s'exprime aussi par *quin* avec le subjonctif.

EXEMPLES.

Il ne tient pas à moi que vous ne soyez heureux; *per me non stat quin sis beatus.*

Dans cette façon de parler, *je ne puis, je ne saurais m'empêcher, me défendre*, les verbes *s'empêcher, se défendre*, se tournent par *ne pas*, qu'on exprime par *non*, avec l'infinitif. Ex. Je ne puis m'empêcher de parler, *tournez*, je ne puis ne pas parler; *non possum non loqui :* je ne puis m'empêcher de rire, *tournez*, je ne puis ne pas rire ; *non possum non ridere.*

SE RÉJOUIR de... *ou* que... *gaudere quòd.*

RÈGLE. Après *se réjouir, se repentir, être fâché,*

avoir honte, s'étonner, être surpris, remercier, savoir bon gré, etc., *de* ou *que* se tourne par *de ce que*, et s'exprime par *quòd*, avec le subjonctif ou l'indicatif.

EXEMPLES.

Je me réjouis de vous avoir été utile, *tournez*, de ce que je vous ai été utile; *gaudeo quòd tibi profuerim*.

J'ai honte de ne vous avoir pas encore répondu, *me pudet quòd ad te nondùm rescripserim*.

REMARQUE. Après ces verbes, on peut encore retrancher le *que; gaudeo me tibi profuisse*.

ATTENDRE que, *expectare dùm*, ou *donec*.

RÈGLE. Après *attendre*, *que* se tourne par *jusqu'à ce que*, et s'exprime par *dùm* ou *donec*, avec le subjonctif.

EXEMPLE.

Attendez que le roi soit arrivé, *expecta dùm* ou *donec rex advenerit*.

Ne confondez pas *s'attendre* avec *attendre*. Après *s'attendre*, en latin *existimare, persuasum habere*, on retranche le *que*, et l'on met toujours le verbe suivant au futur de l'infinitif. *Ex.* Je m'attendais que vous m'écririez, *te ad me scripturam esse existimabam*.

Quand *s'attendre* signifie *prévoir*, il s'exprime par *prævidere*, et l'on retranche le *que*. *Ex.* Je m'étais bien attendu qu'il en serait ainsi, *ità futurum sané prævideram*.

Cela est cause que, *ea causa est cur.*

RÈGLE. Après *être cause*, *que* s'exprime par *cur*, avec le subjonctif.

EXEMPLE.

La maladie a été cause que je n'ai pas été vous voir, *morbus causa fuit cur te non inviserim*.

DOUTER que, *dubitare an.*

Ne pas douter que, *non dubitare quin.*

RÈGLE. Quand le verbe *douter* n'est accompagné ni d'une négation, ni d'une interrogation, on tourne *que* par *si*, et on l'exprime par *an*, avec le subjonctif.

EXEMPLE.

Je doute qu'il se porte bien, *tournez*, s'il se porte bien ; *dubito an valeat.*

Mais quand le verbe *douter* est accompagné d'une négation, ou d'une interrogation, on exprime *que* par *quin*. (*Quin* renferme le *ne* français suivant.)

EXEMPLES.

Je ne doute pas qu'il ne se porte bien, *non dubito quin valeat.*

Qui doute que la vertu ne soit aimable ? *Quis dubitat quin virtus sit amabilis?*

Ne confondez pas *se douter* avec *douter* : après se douter, *suspicari, prævidere,* on retranche le *que*. *Ex.* Je me doutais bien que la chose irait mal, *c'est-à-dire*, je soupçonnais que.... *suspicabar rem malè cessuram.*

VERBES A L'INDICATIF DANS LE FRANÇAIS, QU'IL FAUT METTRE AU SUBJONCTIF EN LATIN.

I.

Vous ne savez pas qui je suis, *en latin*, qui je sois.

RÈGLE. *Qui* ou *quel* interrogatif entre deux verbes, veut le second au subjonctif en latin.

EXEMPLES.

Vous ne savez pas qui je suis, *nescis quis ego sim.*

Dites-moi quelle heure il est, *dic mihi quota hora sit.*

Je ne sais lequel des deux a été le plus éloquent, *nescio uter fuerit eloquentior.*

Ecrivez-moi ce que vous faites, *c'est-à-dire*, quelle chose vous faites ; *ad me scribe quid agas.*

Ecrivez-moi ce qui se passe là où vous êtes, c'est-à-dire, quelle chose se passe.... *ad me scribe quid istic agatur.*

REMARQUE. *Ce qui, ce que,* s'exprime par *quid* quand on peut le tourner par *quelle chose*, comme dans l'exemple précédent ; mais *ce qui, ce que,* s'exprime par *quod,* quand on ne peut pas le tourner par *quelle chose*, parce qu'alors il n'est pas interrogatif.

EXEMPLE.

Il a fait ce que je lui avais commandé, *fecit quod ei præceperam.*

II.

Les adverbes de lieu, *ubi, quò, quà, undè,* **et les conjonctions** *cur, quare, quomodò, an, utrùm,* **etc., entre deux verbes, veulent le second au subjonctif en latin.**

EXEMPLES.

Je voudrais savoir où vous êtes, *scire velim ubi sis;* d'où vous venez, *undè venias;* où vous allez, *quò eas.*

S'il a de quoi vous payer, *si habuerit undè tibi solvat.*

Interrogée pourquoi elle disait cela, *interrogata cur hoc diceret.*

III.

Combien, **entre deux verbes, veut toujours le second au subjonctif en latin.**

EXEMPLES.

Vous voyez combien je vous aime, *vides quantùm te amem.*

Je dirai en peu de mots combien la liberté est douce, *quàm dulcis sit libertas breviter proloquar.*

Il y a beaucoup d'autres conjonctions après lesquelles le verbe latin se met au subjonctif; nous en avertirons dans l'occasion.

Qui interrogatif devant un futur de l'indicatif et un imparfait du subjonctif, veut le verbe au présent du subjonctif en latin. *Ex.* Qui croira? *Quis credat?* Qui n'admirerait pas cette action? *Quis non illud factum miretur?*

A QUEL TEMPS FAUT-IL METTRE LE VERBE LATIN APRÈS LES MOTS QUI VEULENT LE SUBJONCTIF, COMME *ut*, *ne*, *an*, *quin*, etc. ?

I.

Mettez tous les temps de l'indicatif français aux mêmes temps du subjonctif latin, excepté les deux futurs.

EXEMPLES.

Je ne sais		nescio	
	ce que vous faites,		*quid agas.*
	ce que vous faisiez,		*quid ageres.*
	ce que vous avez fait,		*quid egeris.*
	ce que vous aviez fait,		*quid egisses.*

Le futur de l'indicatif après *quin*, *an*, etc., se met au participe du futur en *rus*, *ra*, *rum*, pour l'actif ; en *dus*, *da*, *dum*, pour le passif, avec *sim*, *sis*, *sit*.

EXEMPLES.

Je ne sais s'il écoutera, *nescio an auditurus sit ;* s'il sera écouté, *an audiendus sit.*

Si le verbe latin n'a pas de participe du futur, mettez simplement le présent du subjonctif, en y joignant quelque adverbe qui marque le futur.

EXEMPLE.

Je ne sais s'il se repentira, *nescio an illum unquàm pœniteat.*

II.

Si le verbe français est au subjonctif, et qu'il marque l'avenir, mettez en latin le participe du futur, avec *sim*, *sis*, *sit*, pour exprimer le présent du subjonctif ; avec *essem*, *esses*, *esset*, pour l'imparfait ; avec *fuissem*, *fuisses*, *fuisset*, pour le plus-que-parfait du subjonctif latin.

EXEMPLES.

Je doute que le roi vienne bientôt, *dubito an brevi rex venturus sit.*

Je ne savais si le roi viendrait, je doutais que le roi vînt bientôt, *nesciebam an, dubitabam an brevi rex venturus esset.*

Je ne sais si le roi serait venu, je doute que le roi fût venu ; *nescio an rex, dubito an rex venturus fuisset.*

Quand le verbe qui est au subjonctif, ne marque pas l'avenir, ou qu'il n'a pas de participe du futur en latin, mettez les temps du subjonctif français aux mêmes temps du subjonctif latin.

EXEMPLES.

Je doute qu'il se repente jamais, *dubito an illum unquàm pœniteat.*

Je ne sais s'il se repentirait, *nescio an illum unquàm pœniteret.*

Je ne sais s'il se serait repenti, *nescio an illum pœnituisset.*

Le futur passé après *ne pas savoir si*, et le parfait du subjonctif après *douter que....* se mettent au parfait du subjonctif, quand ils marquent le passé.

EXEMPLES.

Je ne sais s'il aura soupé, je doute qu'il ait soupé de si bonne heure ; *nescio an, dubito an tàm maturè cœnaverit.*

Mais si ces deux temps marquent l'avenir, ce qui arrive quand ils sont suivis de *lorsque*, mettez-les au futur en *rus, ra, rum*, ou en *dus, da, dum*, avec *sim, sis, sit*, en changeant *lorsque* par *avant que*.

EXEMPLES.

Je ne sais s'il aura terminé, je doute qu'il ait terminé l'affaire, lorsque vous viendrez ici ; *nescio an, dubito an priùs rem confecturus sit quàm hùc venias*, c'est-à-dire, s'il terminera avant que vous veniez.

Si le verbe latin est au passif, on peut mettre le participe passé avec *futurus, a, um, sim, sis, sit. Exemple de Cicéron, liv. 6, épît. 13.* « Je ne doute pas que l'affaire n'ait été réglée, » lorsque vous lirez cette lettre, *non dubito quin te legente has litteras, confecta jam res futura sit.* » Il paraît que les Latins évitaient ce tour de phrase.

VERBES AU PASSIF DANS LE FRANÇAIS, QU'IL FAUT TOURNER PAR L'ACTIF EN LATIN.

Je suis favorisé de la fortune, *tournez*, la fortune me favorise.

RÈGLE. Quand un verbe, au passif dans le français, est neutre ou déponent en latin, il faut changer le passif en actif, et pour cela on prend le régime pour en faire le nominatif, et le nominatif pour en faire le régime.

EXEMPLES.

Je suis favorisé de la fortune, *mihi favet fortuna*. (*Faveo* n'a point de passif.)

Il est admiré de tout le monde, *tournez*, tout le monde l'admire ; *illum omnes admirantur*.

REMARQUE. S'il n'y a point de régime dont on puisse faire le nominatif, mettez le verbe à la troisième personne du pluriel, en sous-entendant *homines*.

EXEMPLE.

Cicéron était admiré quand il parlait, *admirabantur Ciceronem quùm diceret*.

VERBES A L'ACTIF DANS LE FRANÇAIS, QU'IL FAUT TOURNER PAR LE PASSIF EN LATIN.

Il faut changer l'actif en passif, quand il y a *amphibologie*, c'est-à-dire, quand après un *que* retranché, le nominatif français et le régime seraient mis tous deux à l'accusatif latin, sans que l'on pût distinguer l'un de l'autre : alors on tourne par le passif, en prenant le régime direct pour en faire le nominatif, et le nominatif pour en faire le régime.

EXEMPLE.

Vous dites que Pierre aime Paul : vous ne pouvez pas

9

mettre, *dicis Petrum amare Paulum*, parce qu'on ne saurait qui est celui qui aime; si c'est Pierre qui aime Paul, ou si c'est Paul qui aime Pierre : il faut donc changer l'actif en passif de cette manière : vous dites que Paul est aimé de Pierre, *dicis Paulum à Petro amari*.

On change encore l'actif en passif avec le pronom français *on*, *l'on*.

CHAPITRE SECOND.

DES PRONOMS.

PRONOM FRANÇAIS QUI MANQUE EN LATIN, *on*, *l'on*.

Il y a deux manières de rendre en latin le pronom *on*, *l'on*.

PREMIÈRE MANIÈRE.

On aime la vertu, *tournez*, la vertu est aimée.

RÈGLE. Le verbe qui suit *on*, *l'on*, est-il actif, *tournez*, par le passif.

EXEMPLE.

On aime la vertu, *virtus amatur*.

Si le verbe n'a point de régime, dont on puisse faire le nominatif du verbe passif, mettez ce verbe à la troisième personne du singulier passif : plusieurs verbes neutres même ont cette troisième personne.

EXEMPLES.

Non-seulement on ne porte pas envie aux jeunes gens, mais on leur est même favorable; *adolescentibus non modò non invidetur, verùm etiam favetur*.

On raconte, *narratur;* on rapporte, *fertur;* on va, *itur;* on est venu, *ventum est*.

SECONDE MANIÈRE.

On aime la vertu, *amant virtutem*.

Mettez le verbe qui suit *on*, *l'on*, à la troisième

personne du pluriel; ce qu'il faut toujours faire quand ce verbe est neutre ou déponent en latin.

EXEMPLES.

On admire la vertu, *admirantur virtutem*.

On hait celui que l'on craint, *oderunt quem metuunt*.

On dit, *aiunt, ferunt, memorant, perhibent*.

REMARQUE. Devant les impersonnels *pœnitet, pudet, tædet, miseret, piget*, il faut exprimer le mot *homines :* on se repent d'avoir mal vécu, *homines pœnitet malè vixisse*.

Si le verbe qui suit *on*, est accompagné d'une négation, on tourne par *personne ne, nemo*, et le verbe se met à la troisième personne du singulier.

EXEMPLE.

On ne peut être heureux sans la vertu, *tournez*, personne ne peut.... *nemo sine virtute potest esse beatus*.

Quand on, lorsqu'on, se tournent par *celui qui, ceux qui*.

EXEMPLE.

Quand on désire le bien d'autrui, on perd justement le sien, *tournez*, celui qui désire.... *qui bonum alienum appetit, meritò amittit proprium*.

Si on, si l'on, se tournent par *si quelqu'un, si quis*.

EXEMPLE.

Si l'on vous demande, *si quis te interroget*.

REMARQUE. On ne dit pas *si aliquis*, mais *si quis*; après *si, nisi, ne, nùm, sive, quò* on retranche *ali* dans les mots qui commencent ainsi : *si quando*, pour *si aliquando, ne quando*, etc.

On voit, on trouve des gens qui.... s'expriment par *videas, reperias qui.... videre est, reperire est qui....* et le verbe suivant se met au subjonctif. *Exemple*. On voit des gens qui aspirent aux honneurs, *videas homines qui honores appetant*.

9*

ON DIT que... on croit que... il semble, il paraît que...

On dit, on croit, etc., s'expriment en latin de deux manières :

1° *Personnellement,* en prenant le nominatif du second verbe, pour en faire le nominatif des verbes *on dit, on croit,* etc.

EXEMPLES.

On dit que les cerfs vivent très-long-temps, *tournez,* les cerfs sont dits vivre.... *cervi dicuntur diutissimè vivere.*

Il paraît que vous êtes malade, *tournez,* vous paraissez être malade, *videris ægrotare.*

2° *Impersonnellement,* en tournant par la troisième personne du singulier passif, *il est dit que... il est cru que...* alors le *que* se retranche.

EXEMPLE.

On dit que les cerfs vivent très-long-temps, *tournez,* il est dit que les cerfs.... *dicitur cervos diutissimè vivere.*

REMARQUE. On exprime toujours de cette seconde manière *on dit, on croit,* quand ils sont suivis d'un verbe impersonnel.

EXEMPLE.

On dit que vous vous repentez de votre faute, *tournez,* il est dit que vous.... *dicitur te tuæ culpæ pœnitere.*

OBSERVATION SUR LES VERBES FRANÇAIS ON ENSEIGNE.

Pour tourner ce verbe par le passif, il faut faire attention à la signification du verbe latin *doceri,* qui veut dire *être instruit :* comme cela ne peut se dire que d'une personne, et non pas d'une chose, le verbe passif *doceor* veut toujours pour nominatif le nom de la personne.

EXEMPLES.

On enseigne la grammaire aux enfants, *tournez,* les enfants sont instruits sur la grammaire ; *pueri docentur grammaticam.*

Les enfants à qui l'on enseigne la grammaire, *tournez,* les enfants qui sont instruits sur la grammaire ; *pueri qui docentur grammaticam.*

La grammaire que l'on enseigne aux enfants, *tournez,* la grammaire sur laquelle les enfants sont instruits ; *grammatica quam pueri docentur.* (*Tournez de même cette phrase :* la grammaire qui est enseignée aux enfants.)

PRONOMS FRANÇAIS QUE L'ON EXPRIME D'UNE MANIÈRE DIFFÉRENTE EN LATIN.

Il, le, la, lui, leur, qu'il faut quelquefois tourner en latin par *soi, à soi,* etc., et exprimer par *suí, sibi, se.*

EXEMPLE.

Le renard dit qu'il n'était pas coupable, *tournez,* dit soi n'être pas....

RÈGLE. Quand les pronoms *il, elle, le, la, lui, leur,* après un *que* retranché ou exprimé, se rapportent au nominatif du premier verbe, on les exprime par *suí, sibi, se.*

Pour connaître si ces pronoms se rapportent au nominatif du premier verbe, faites l'interrogation suivante, *qui il ? qui elle ?*

EXEMPLES.

Le renard dit qu'il n'était point coupable de la faute : *qui il ?* Réponse. *Le renard.* Quand le mot de la réponse est le même que le nominatif du premier verbe, exprimez *il* par *se ;* ainsi dites : *vulpes negavit se esse culpæ proximam.*

Diogène ordonna qu'on le jetât à la voirie, *qui le ?* Réponse. *Diogène.* Comme le mot de la réponse est le même que le nominatif du verbe, dites : *Diogenes jussit se projici inhumatum.*

Ce philosophe disait qu'il lui importait peu, *qui lui?*
Réponse. Le philosophe. *Hic philosophus dicebat suâ parvi referre.*

Mais je crois qu'il mentait, *qui il?* Réponse. *Ce philosophe.*

Quand le mot de la réponse n'est pas le même que
le nominatif du verbe, exprimez *il* par *ille, illa,
illud;* ainsi dites : *at credo illum mentitum fuisse.*
(*Il, elle,* etc., ne peuvent jamais se rapporter à
un nominatif de la première ou de la seconde personne.)

Son, sa, ses, leur, leurs, QU'IL FAUT QUELQUEFOIS TOURNER EN LATIN PAR *de lui, d'elle, d'eux,
d'elles,* ET EXPRIMER PAR *ejus, eorum, earum.*

I.

Son, sa, ses, leur, leurs, après un seul verbe.

PATER AMAT *suos liberos.*

RÈGLE. *Son, sa, ses....* après un seul verbe,
s'expriment par *suus, sua, suum,* quand ils se rapportent au nominatif de ce verbe.

Pour connaître s'ils se rapportent au nominatif du
verbe, faites l'interrogation suivante, *de qui?*

EXEMPLE.

Un père aime ses enfants, les enfants *de qui?* Réponse. *Du père.*

Quand le mot de la réponse est le même que le
nominatif du verbe, servez-vous de *suus, sua, suum;*
ainsi dites : *pater amat suos liberos.*

Quand le mot de la réponse n'est pas le nominatif du verbe, exprimez *son, sa, ses,* par *ejus; leur,
leurs,* par *eorum, earum.*

EXEMPLE.

Mais il n'aime pas leurs défauts : les défauts *de qui?*

Réponse. *Des enfants.* Comme ce mot, *enfants*, n'est pas le nominatif du verbe, dites : *at eorum vitia odit.*

Cependant quand le verbe est de la première ou de la seconde personne, on se sert de *suus, sua, suum,* pourvu qu'il se rapporte à un second régime.

EXEMPLE.

J'ai rendu à César son épée, *suum Cæsari gladium restitui.*

II.

Son, sa, ses, leur, leurs, après deux verbes.

RÉGLE. Quand *son, sa, ses,* etc., sont après deux verbes, on les exprime par *suus, sua, suum,* pourvu qu'ils se rapportent au nominatif de l'un des deux verbes.

A moins que les verbes ne soient tous deux de la troisième personne, car alors il faut que *son, sa...* se rapportent au nominatif du verbe *principal,* (c'est-à-dire, de celui qui gouverne l'autre,) pour éviter l'ambiguïté.

EXEMPLES.

La mère vous prie de pardonner à son fils, c'est-à-dire, que vous pardonniez; *mater te orat ut filiolo ignoscas suo.* (*Son* ici se rapporte au nominatif du premier verbe.)

J'écris à mon ami de me confier son affaire, c'est-à-dire, qu'il me confie ; *ad amicum scribo ut mihi negotium committat suum.* (*Son* ici se rapporte au nominatif du second verbe.)

Mais on exprime *son, sa, ses,* par *ejus,* ou *illius; leur, leurs,* par *eorum, earum,* quand ils ne se rapportent ni à l'un ni à l'autre de ces deux nominatifs.

EXEMPLE.

Je vous prierai de prendre ses intérêts, *te rogabo ut illius commodis inservias.* (*Son, sa, ses,* ne peuvent jamais se rapporter à un nominatif de première ou de seconde personne.)

III.

Son, sa, ses, leur, leurs, au commencement d'une phrase.

Ejus indoles est optima.

Iʳᵉ Règle. *Son, sa, ses,* au commencement d'une phrase, s'expriment par *ejus* ou *illius; leur, leurs,* par *eorum, earum,* quand ils ne se rapportent pas au régime du verbe suivant.

Exemple.

Son caractère est excellent, *tournez,* le caractère de lui.... *ejus indoles est optima.*

Sua cum commendat modestia.

IIᵉ Règle. *Son, sa, ses,* même au commencement d'une phrase, s'expriment par *suus, sua, suum,* quand ils se rapportent au régime du verbe suivant, ce qui arrive lorsqu'ils sont suivis de *le, la, les,* ou précédés d'un *que* relatif.

Exemples.

Sa modestie le rend recommandable, *sua eum commendat modestia.*

L'enfant que sa modestie rend recommandable, *puer quem sua commendat modestia.*

On ajoute en latin, *suus, sua, suum,* au nominatif, quand le nominatif français est suivi d'un génitif, et de *le, la, les.*

Exemple.

L'ambition de cet homme le perdra, *tournez,* son ambition perdra cet homme; *sua hominem perdet ambitio.*

1° TEL QUE.... TELLE QUE ; *is qui, ea quæ.*

Règle. *Tel, telle que,* se tournent en latin par *celui, celle qui,* et s'expriment, *tel, telle* par *is, ea, id,* et *que* par *qui, quæ, quod,* que l'on met au nominatif devant *sum,* etc., *sim;* et à l'accusatif devant *esse,* mis pour un *que* retranché.

Exemples.

Je ne suis pas tel que vous, *tournez,* je ne suis pas celui lequel vous êtes; *non is sum qui tu* (sous-entendu *es*). On peut dire aussi, *non sum talis qualis tu.*

Il n'est pas tel que vous pensez, *tournez*, il n'est pas celui lequel vous pensez qu'il est ; *non is est quem putas* (sous-entendu *eum esse*). *Quem* est à l'accusatif, à cause du *que* retranché.

2° *Tel*, quand il n'est pas suivi de *que*, s'exprime par *is* ou *talis*.

EXEMPLE.

Tel a été mon père, *is* ou *talis fuit pater meus*.

3° Lorsque *tel*, au commencement d'une phrase, est suivi de *qui*, on tourne *tel* par quelques-uns, *quidam*, ou par, il y en a qui.... *sunt qui*.

EXEMPLE.

Tel rit aujourd'hui, qui pleurera demain, *tournez*, quelques-uns rient.... *quidam hodiè rident, qui cràs flebunt*.

TEL répété, *qui is*.

4° Quand *tel* est répété, le premier s'exprime par *qui, quæ, quod*, et le second par *is, ea, id;* ou bien le premier par *qualis*, et le second par *talis*.

EXEMPLE.

Tel père, tel fils, *qui pater est, is est filius*, ou *qualis pater est, talis filius;* c'est comme s'il y avait, le fils est tel que le père ; mais la phrase est renversée.

5° Quand *tel* suivi de *que* ne peut pas se tourner par le *même*, ou *semblable*, on exprime *que* par *ut* avec le subjonctif.

EXEMPLES.

La libéralité doit être telle, qu'elle ne nuise à personne, *ea esse debet liberalitas, ut nemini noceat*.

La force de la vertu est telle que nous l'aimons même dans un ennemi, *ea vis est probitatis, ut illam vel in hoste diligamus*.

Quand *tel* peut se tourner par *de cette sorte*, on l'exprime par *hujus modi* en bonne part, et *istius modi* en mauvaise part. *Ex*. Qui n'aimerait de tels enfants ? *Quis hujus modi puerulos non amet*? Qui ne haïrait de telles gens ? *Quis istius modi homines non oderit*?

9**

1° LE MÊME que, *idem qui,* **ou** *ac, atque.*

Règle. *Le même, la même,* s'expriment par *idem, eadem, idem,* et le *que* par *qui, quæ, quod,* que l'on met au cas du verbe suivant.

EXEMPLES.

Vous n'êtes pas le même à mon égard que vous avez été autrefois, *non idem es erga me, qui fuisti olim.*

Ma mère n'est pas aujourd'hui la même que je l'ai vue autrefois, *non eadem est hodiè mater mea, quam vidi olim* (sous-entendu *eam esse*).

Je me sers des mêmes livres que vous, *iisdem libris utor, quibus tu* (sous-entendu *uteris*).

REMARQUE. *Le même,* devant un nom ou pronom, s'exprime par *idem :* le même homme, *idem homo.*

Même, après un nom ou pronom, s'exprime par *ipse, ipsa, ipsum.* L'homme même, *homo ipse;* moi-même, *ego ipse;* vous-même, *tu ipse.*

Quand le pronom *même* se rapporte au nominatif du verbe, on met toujours le pronom au nominatif, quoiqu'en français il soit joint au régime. *Ex.* L'avare se nuit à lui-même, *avarus sibi ipse nocet :* mais si *même* ne se rapporte pas au nominatif, on le fait accorder avec le régime : le temps ronge le fer même, *vetustas ferrum ipsum exedit.*

2° *Ne pas même* s'exprime par *ne quidem,* que l'on sépare, en mettant un mot entre *ne* et *quidem.*

EXEMPLE.

Je ne l'ai pas même vu, *eum non vidi quidem.*

3° *De même que si,* signifiant *comme si,* s'exprime par *non secùs ac... perindè ac... tanquàm.*

EXEMPLE.

Je l'aime de même que s'il était mon frère, *illum perindè amo ac si esset frater meus.*

4° *De même,* non suivi de *que,* se rend par *item.*

Il n'en est pas de même des Romains, *non item de Romanis. Et même* s'exprime par *imò... quin etiam.*

I.

AUTRE, AUTREMENT que... *alius, aliter, quam.... ac... atque...*

RÉGLE. *Autre* s'exprime par *alius, alia, aliud,* et *que* par *quàm, ac, atque.*

EXEMPLES.

Il n'est pas autre qu'il n'était autrefois, *non alius est quàm erat olim ;* on n'exprime pas *ne* après *autre.*

Il parle autrement qu'il ne pense, *aliter loquitur ac* ou *atque sentit.*

Au lieu de *quàm, ac,* on répète quelquefois *alius, aliter. Ex.* Il parle autrement qu'il ne pense, *aliter loquitur, aliter sentit.*

II.

Tout autre signifiant *quelqu'autre que ce soit,* s'exprime par *quivis alius, quilibet alius;* tout autrement, *longè aliter,* et *que* par *ac, atque.*

EXEMPLE.

Tout autre peuple que le peuple romain eût perdu courage, *quivis alius populus ac romanus despondisset animum.*

Mais si *tout autre* signifie *tout différent,* il s'exprime par *longè alius.*

EXEMPLE.

Vous êtes tout autre que vous n'étiez, c'est-à-dire, tout différent; *longè alius es atque eras.*

III.

Après *lequel des deux* (en latin *uter*), *autre* s'exprime aussi par *uter, utra, utrum.*

EXEMPLE.

Examinez lequel des deux a dressé des embûches à l'autre, *quære uter utri insidias fecerit.*

IV.

L'un.... l'autre, les uns.... les autres, **quand on parle de plus de deux, s'expriment par** *alius, alia, aliud,* **que l'on répète.**

EXEMPLE.

Les uns jouent, les autres chantent; *alii ludunt, cantant alii.*

Mais si l'on ne parle que de deux, on se sert de *alter* **répété, ou de** *unus, alter.*

EXEMPLE.

L'un dit oui, l'autre dit non; *alter* ou *unus ait, negat alter.*

V.

Quand *l'un* **est répété, et** *l'autre* **aussi répété, on les tourne par l'adjectif** *différent,* **et on les traduit par** *alius, alia, aliud,* **de cette manière.**

EXEMPLES.

Les uns aiment une chose, les autres une autre, *tournez,* différentes personnes aiment différentes choses; *alii aliis rebus delectantur.*

Les uns s'en allèrent d'un côté, les autres de l'autre; *alii alio dilapsi sunt.*

VI.

Ni l'un ni l'autre **(quand le nominatif est un pronom) s'expriment par** *neuter, neutra, neutrum :* *l'un l'autre* **par** *uterque, utraque, utrumque;* **et ils sont ordinairemēnt suivis de** *alter, altera, alterum,* **et alors on n'exprime pas** *se.*

EXEMPLES.

Ils ne s'aiment ni l'un ni l'autre, *neuter alterum amat.*
Es se haïssent l'un l'autre, *uterque alterum odit.*

VII.

L'un des deux, l'un ou l'autre, **s'expriment par** *alteruter, alterutra, alterutrum.*

EXEMPLE.

Je vous enverrai l'un ou l'autre, *alterutrum ad te mittam.*

VIII.

L'un après l'autre s'exprime par *singuli, singulæ, singula.*

EXEMPLE.

Il se mit à les manger l'une après l'autre, *cœpit vesci singulis.*

IX.

Le premier, le second, quand on ne parle que de deux, s'expriment *le premier* par *prior,* et *le second* par *posterior,* ou par *alter* répété.

EXEMPLE.

Le premier riait toujours, le second pleurait sans cesse; *prior semper ridebat, posterior indesinenter flebat.*

Mais si l'on parle de plus de deux, servez-vous de *primus, secundus.*

Celui-ci, celui-là, s'expriment, *celui-ci* par *hic, celui-là* par *ille.*

EXEMPLE.

Celui-ci riait toujours, celui-là pleurait sans cesse; *hic semper ridebat, ille indesinenter flebat.*

X.

Celui des deux qui, s'exprime par *uter, utra, utrum.*

EXEMPLE.

Celui des deux qui se dédira, paiera l'amende, *uter demutaverit, pecuniâ mulctabitur.*

QUEL, QUELLE, **suivis de** que, *quicumque, quantuscumque.*

RÈGLE. *Quel, quelle que,* s'expriment par *quicumque, quæcumque,* et si la chose peut se dire *grande,* par *quantuscumque, quantacumque...* qui renferme *que,* et veut ordinairement le subjonctif.

EXEMPLE.

Quelle que soit sa mémoire, il oublie cependant bien

des choses; *quantacumque sit ejus memoria, multa tamen obliviscitur.*

Qui que ce soit qui... s'exprime par *quicumque... quilibet...* et si l'on ne parle que de deux, c'est par *utercumque, utracumque.*

EXEMPLE.

Qui que ce soit des deux partis, qui remporte la victoire, nous périrons; *utracumque pars vicerit, tamen perituri sumus.*

QUELQUE que... suivi d'un nom.

I.

Si c'est un nom de choses qui ne se comptent pas, on l'exprime par *quicumque... qualiscumque...* et si la chose peut se dire grande, par *quantuscumque, quantacumque,* etc.

EXEMPLE.

Quelque parti que vous preniez; *quodcumque consilium capias.*

II.

Si c'est un nom de choses qui se comptent, on exprime *quelque que,* par *quotcumque* ou *quantùmvis multi, æ, a.*

EXEMPLE.

Quelques services que vous rendiez à un ingrat, vous ne lui en rendrez jamais assez; *quotcumque apud ingratum officia posueris, nunquàm satis multa contuleris.*

QUELQUE que... suivi d'un adjectif.

Si *quelque que...* est suivi d'un adjectif, d'un adverbe ou d'un participe, on l'exprime par *quantùmvis,* et si c'est le participe d'un verbe de prix, par *quanticumque.*

EXEMPLES.

Quelque savant qu'il soit, il ignore cependant bien des choses; *quantùmvis sit doctus, multa tamen ignorat.*

Quelque estimable que soit la science.... *quantlcumque æstimanda sit doctrina....*

Quelque *grand que....* s'exprime par *quantuscumque, quantacumque.... quelque petit que...* par *quantuluscumque, quantulacumque.*

PRONOMS FRANÇAIS QUI NE S'EXPRIMENT PAS EN LATIN.

I.

Je crois qu'il faut, *tournez,* je crois falloir.

RÈGLE. *Il* devant un impersonnel, ne s'exprime pas, excepté devant *pænitet, piget, pudet, tædet, miseret.*

EXEMPLES.

Je crois qu'il faut, *credo oportere.*

Vous savez qu'il est honteux de mentir, *scis mentiri turpe esse.*

II.

Quand *celui, celle,* ou *ceux,* suivis d'un génitif, sont employés pour un nom précédent, on ne se sert pas de *ille, illa, illud;* mais on répète le nom qui précède.

EXEMPLES.

Les qualités de l'âme sont bien préférables à celles du corps, *animi dotes corporis dotibus longé præstant.*

La vie des hommes est plus courte que celle des corneilles, *brevior est vita hominum qudm cornicum vita.* (On peut ne pas répéter le nom, quand il doit être mis au même cas, et dire, *brevior est hominum qudm cornicum vita.*

III.

Dans les phrases suivantes : *c'est ainsi que, est-ce ainsi que...* on n'exprime ni *c'est,* ni *que.*

EXEMPLES.

C'est ainsi qu'il parla, *tournez,* il parla ainsi; *sic locutus est.*

Est-ce ainsi que vous défendez vos amis ? *tournez,* dé-défendez-vous ainsi ?.... *Siccine tuos amicos defendis.*

C'est vous-même que je cherche, *te ipsum quæro.*

IV.

Ce n'est pas que, se rend en latin par *non quòd;* mais c'est que, par *sed quòd.*

EXEMPLES.

Ce n'est pas que j'approuve, mais c'est que.... *non quòd appprobem, sed quòd....*

S'il suit un comparatif, rendez *ce n'est pas que,* par *non quò.... sed quò.* Ce n'est pas que l'un me soit plus cher que l'autre, *non quò mihi sit alter altero carior.*

S'il suit une négation par *non quin....* Ce n'est pas que je ne pense, *non quin existimem.*

V.

Ce n'est pas à dire pour cela que... Est-ce à dire pour cela que, se rendent par *non continuò, non ideò... an continuò... an ideò.*

EXEMPLE.

Quoique j'aie salué des méchants, ce n'est pas à dire pour cela que je sois méchant; *quamvis improbos salutaverim, non continuò sum improbus.... non ideò sum improbus.*

VI.

Ce qui ou *ce que,* suivis de *c'est* et d'un nom, ne s'expriment pas en latin.

EXEMPLE.

Ce qui me chagrine le plus, c'est la mauvaise santé de mon père, *tournez,* la mauvaise santé de mon père me chagrine le plus; *valetudo patris me potissimùm sollicitat.*

Ce qui, ce que, s'expriment par *illud,* quand ils sont suivis de *c'est que.*

EXEMPLES.

Ce que j'espère, c'est que je vivrai éternellement; *illud spero, me futurum immortalem.* (Après *espérer* on retranche le *que.*)

Ce que je crains, c'est que... *illud vereor ne.* (Après *craindre,* le *que* s'exprime par *ne.*)

Ce dont je doute, c'est que.... *illud dubito an.* (Après *douter,* le *que* s'exprime par *an.*)

Ce qui me console, c'est que.... *Illud me consolatur quòd.*

VII.

C'est, devant un infinitif suivi de *que de,* se tourne par *celui qui.*

C'est se tromper que de croire.... *tournez,* celui qui croit.... se trompe; *errat, qui putat.*

CHAPITRE TROISIÈME.

DES PARTICIPES.

Participes français qui manquent en latin.

I.

Le verbe latin *sum* n'a ni le participe du présent *étant,* ni le participe du passé *ayant été;* on se sert des conjonctions *lorsque, après que, puisque; quùm, postquàm.*

Cicéron étant consul, la conjuration fut découverte, *tournez,* lorsque Cicéron était consul, la conjuration fut découverte; *quùm Cicero esset consul, detecta fuit conjuratio.*

On peut aussi mettre les deux noms à l'ablatif, et dire : *Cicerone consule, detecta fuit conjuratio.* (On sous-entend *sub.*)

Cicéron ayant été consul, fut néanmoins envoyé en exil, *tournez,* après que Cicéron eut été consul.... *Cicero, postquàm fuisset consul, tamen in exilium actus est.*

II.

Le participe passé actif, comme *ayant aimé,* manque en latin (excepté dans quelques verbes déponents), on le tourne par *lorsque, puisque.*

Un rat ayant rencontré un éléphant; *mus elephanto quùm fuisset obvius.*

III.

Le participe passé du passif manque en latin, quand le verbe est neutre, et souvent quand il est déponent ; alors on tourne par l'actif, et l'on se sert des conjonctions *quùm, postquàm.*

EXEMPLES.

Etant favorisé de Dieu, il vint à bout de son entreprise ; *quùm Deus ei favisset, consilium perfecit suum.*

Ayant été poursuivi des voleurs, il s'échappa ; *quùm latrones eum persecuti essent, evasit.*

PARTICIPES FRANÇAIS QUI S'EXPRIMENT EN LATIN PAR UNE PRÉPOSITION ET UN NOM.

Ayant autant de prudence, *tournez,* eu égard à votre prudence.

RÈGLE. *Ayant autant de...* avec un nom, *étant aussi,* avec un adjectif, se tournent en latin par *eu égard à... pro* avec l'ablatif du nom.

EXEMPLE.

Ayant autant de prudence que vous en avez, étant aussi prudent que vous l'êtes ; *pro tuâ prudentiâ.*

REMARQUE. On peut encore tourner *quelle est votre prudence,* et dire, *quæ tua est prudentia.*

CHAPITRE QUATRIÈME.

DES ADVERBES.

I.

QUE *Adverbe.*

Que tardez-vous ? *tournez,* pourquoi tardez-vous ?

Le *que* interrogatif adverbe se tourne par *pourquoi,* et s'exprime par *quid* ou *cur ;* mais s'il est suivi d'une négation, on le tourne par *pourquoi ne*, et on l'exprime par *quin* ou *cur non*.

EXEMPLES.

Que tardez-vous ? *quid* ou *cur moraris ?*

Que n'accourez-vous ici ? *quin* ou *cur non huc advolas.*

Si le *que* interrogatif peut se tourner par *combien*, on l'exprime avec un verbe de prix par *quanti.*

EXEMPLE.

Que vous a coûté cette maison ? *tournez*, combien vous a coûté.... *quanti tibi constitit hæc domus ?*

II.

QUE *de désir.*

Que ne puis-je ! Que je voudrais ! *utinàm !*

Le *que* de désir se connaît lorsqu'on peut le tourner par *plaise à Dieu que...* et se rend en latin par *utinàm*, avec le subjonctif, sans exprimer *ne*.

EXEMPLE.

Que ne puis-je vous entretenir ! *utinàm tecum loqui possim !*

III.

Ne que, signifiant seulement, *solummodò.*

Ne que, signifiant *seulement,* se rend en latin par *solummodò,* ou par *solus, sola, solum,* que l'on fait accorder avec le nom qui suit.

EXEMPLES.

La louange n'est due qu'à la vertu, c'est-à-dire, est due seulement.... *laus virtuti solummodò debetur ;* ou bien est due à la seule vertu, *laus soli virtuti debetur.*

Si *ne que* signifie *rien autre chose que,* on exprime *rien autre chose* par *nihil aliud,* et *que* par *nisi* ou *quàm.*

EXEMPLE.

Il n'a pris que sa robe, c'est-à-dire, rien autre chose que.... *nihil aliud nisi togam sumpsit.*

IV.

QUE *entre deux négations.*

Si *que* entre deux négations est relatif, c'est-à-dire, s'il est précédé d'un nom auquel il se rapporte, on l'exprime par *qui, quæ, quod,* et on le met au cas du verbe.

EXEMPLE.

Le sage n'assure rien qu'il ne prouve; *sapiens nihil affirmat quod non probet.*

Mais s'il est adverbe, on l'exprime par *quin, nisi, priusquàm,* avec le subjonctif.

EXEMPLE.

Je ne partirai pas d'ici que je ne vous aie vu; *non hinc proficiscar, quin,* ou *nisi,* ou *priusquàm te viderim.*

V.

QUE *d'admiration.*

Le *que* d'admiration se connaît quand il peut se tourner par *combien;* et il s'exprime de même que *combien.*

REMARQUE. Lorsque le *que* d'admiration ou l'adverbe *combien* est joint au mot *grand,* on l'exprime par *quantus, quanta, quantum.*

EXEMPLE.

Que ma joie serait grande! *quanta esset mea lætitia!*

Lorsqu'il est joint au mot *petit,* on l'exprime par *quantulus, quantula, quantulum.*

EXEMPLE.

Que cette classe est petite! *quantula est hæc schola!*

Après un *que* d'admiration, la négation française ne s'exprime pas eu latin. *Ex.* Que de malheurs n'a-t-il pas essuyés! *Quot et quantas calamitates hausit!*

ADVERBES DE QUANTITÉ.

Les adverbes de quantité s'expriment de différentes manières en latin, selon les différents mots auxquels ils sont joints.

I.

Que *ou* combien d'eau, *quantùm aquæ.*

Devant un nom de choses, qui ne se comptent pas,

ON EXPRIME :

Que *ou* combien,	*quantùm,*	
Peu,	*parùm,*	
Beaucoup,	*multùm,*	
Moins,	*minùs,*	
Plus,	*plùs,*	
Autant, tant,	*tantùm,*	
Assez,	*satis,*	
Trop,	*nimis, nimiùm,*	

(colonne verticale : PAR) } Avec le génitif.

EXEMPLES.

Que *ou* combien d'eau,	*quantùm aquæ.*
Peu d'eau, (*)	*parùm aquæ.*
Beaucoup d'eau,	*multùm aquæ.*
Moins d'eau,	*minùs aquæ.*
Plus d'eau,	*plùs aquæ.*
Tant, autant d'eau,	*tantùm aquæ.*
Assez d'eau,	*satis aquæ.*
Trop d'eau,	*nimis, nimiùm aquæ.*

REMARQUE. Quand la chose qui ne se compte pas peut se dire grande,

ON EXPRIME :

Que *ou* combien,	*quantus, a, um.*
Peu,	*parvus, a, um.*
Beaucoup,	*magnus, a, um.*
Moins,	*minor, us.*
Plus,	*major, us.*
Autant, tant,	*tantus, a, um.*
Assez,	*satis magnus, a, um.*
Trop, *nimius, a, um; nimis magnus, a, um.*	

(colonne verticale : PAR)

L'on fait accorder ces adjectifs avec le nom.

---

(1) *Un peu, quelque peu,* devant un nom, s'expriment par *tantillùm, aliquantulùm,* avec le génitif. *Ex.* Un peu d'eau, *tantillùm aquæ.*

Un peu, devant un adjectif, un adverbe ou un verbe, s'exprime par *leviter. Ex.* Un peu blessé, *leviter vulneratus.* Il se fâche un peu, *leviter irascitur.*

EXEMPLES.

Que *ou* combien de science,	*quanta doctrina.*
Peu de science,	*parva doctrina.*
Beaucoup de science,	*magna doctrina.*
Moins de science,	*minor doctrina.*
Plus de science,	*major doctrina.*
Autant, tant de science,	*tanta doctrina.*
Assez de science,	*satis magna doctrina.*
Trop de science,	*nimia* ou *nimis magna doctrina.*

II.

Devant un nom pluriel de choses qui se comptent,

ON EXPRIME :

Que *ou* combien, (*)	*quot* ou *quàm multi, æ, a.*
Peu,	*pauci, cæ, ca.*
Beaucoup,	*multi, æ, a.*
Moins,	*pauciores, ra.*
Plus,	*plures, ra.*
Autant, tant,	*tot* ou *tàm multi, æ, a.*
Assez,	*satis multi, æ, a.*
Trop,	*nimis multi, æ, a.*

L'on fait accorder ces adjectifs avec le nom pluriel qui suit.

EXEMPLES.

Que *ou* combien de livres,	*quot* ou *quàm multi libri.*
Peu de livres,	*pauci libri.*
Beaucoup de livres,	*multi libri.*
Moins de livres,	*pauciores libri.*
Plus de livres,	*plures libri.*
Autant, tant de livres,	*tot libri.*
Assez de livres,	*satis multi libri.*
Trop de livres,	*nimis multi libri.*

---

(1) *Combien* signifiant *combien peu,* s'exprime par *quotusquisque, quotaquæque.* Ex. Combien y en a-t-il qui soient éloquents? *quotusquisque est disertus?*

REMARQUE. Quand l'adverbe *combien* signifie *combien de personnes,* on l'exprime toujours par *quàm multi.* Vous voyez combien nous sommes ici, *vides quàm multi hìc adsimus;* et non pas *quot adsimus.* (*Quot* et *tot* ne s'emploient que devant un nom exprimé.)

III.

Devant un adjectif ou un adverbe,

ON EXPRIME :

Que *ou* combien,	*quàm* ou *ut.*
Peu,	*parùm.*
Beaucoup, bien fort,	*multùm, valdè.*
Moins,	*minùs.*
Plus,	*magis* ou un compar.
Tant, aussi, si,	*tàm.*
Assez, ⎫ (*)	*satis.*
Trop, ⎭	*nimis.*

EXEMPLES.

Que *ou* combien il est modeste !	*quàm* ou *ut modestus est !*
Peu modeste,	*parùm modestus.*
Bien modeste,	*multùm modestus* ou *modestissimus.*
Moins modeste,	*minùs modestus.*
Plus modeste,	*magis modestus* ou *modestior.*
Aussi, si modeste,	*tàm modestus.*
Assez modeste,	*satis modestus.*
Trop modeste,	*nimis modestus* ou *modestior.*

REMARQUE. *Si grand, aussi grand,* s'expriment par *tantus, a, um; si petit, aussi petit* par *tantulus, a, um.*

IV.

Devant un comparatif ou un verbe d'excellence, comme *excello, præsto, supero, malo,*

---

(1) Voyez *assez, trop,* suivis de *pour,* ci-après.

ON EXPRIME :

Que *ou* combien,	*quantò.*
Un peu,	*paulò.*
Bien, beaucoup,	*multò* ou *longè.*
Autant, tant,	*tantò.*

PAR

EXEMPLES.

Qu'il est, *ou* combien est-il plus savant! *quantò doctior est.*' un peu plus savant, *paulò doctior;* bien *ou* beaucoup plus savant, *multò doctior.*

Vous l'emportez autant sur les autres, *tantò præstas aliis.*

REMARQUE. *Combien, un peu, beaucoup, autant,* devant les adverbes *antè* et *post,* s'expriment de même : combien auparavant, *quantò antè;* un peu auparavant, *paulò antè;* beaucoup auparavant, *multò antè.*

V.
Devant un verbe ordinaire,

ON EXPRIME :

Que *ou* combien,	*quàm, quantùm, ut.*
Peu,	*parùm.*
Beaucoup,	*multùm, valdè, plurimùm.*
Moins,	*minùs.*
Plus,	*magis, plùs, ampliùs.*
Autant, aussi, si,	*tantùm, tàm.*
Assez,	*satis.*
Trop,	*nimis, nimiò plùs, plùs æquo.*

PAR

EXEMPLES.

Qu'il *ou* combien il est aimé!	*quàm, quantùm amatur.*
Il est peu aimé,	*parùm amatur.*
Il est beaucoup aimé,	*multùm, valdè amatur.*
Il est moins aimé,	*minùs amatur.*
Il est plus aimé,	*plùs magis amatur.*
Il est aussi, autant aimé,	*tantùm, tùm amatur.*
Il est assez aimé,	*satis amatur.*
Il est trop aimé,	*nimis, nimiò plùs amatur.*

REMARQUE. *Plus, moins, trop,* avec *refert, interest,* s'expriment par *magis, minùs*

EXEMPLES :

Il vous importe plus, *tuâ magis interest.*
Il m'importe moins, *meâ minùs interest.*

VI.

Devant un verbe de prix ou d'estime,

ON EXPRIME:

Que *ou* combien,	*quanti.*
Peu,	*parvi.*
Beaucoup,	*magni.*
Moins,	*minoris.*
Plus,	*pluris.*
Tant, autant, aussi, si,	*tanti.*
Assez,	*satis magni.*
Trop,	*nimiò pluris.*

EXEMPLE.

Qu'il *ou* combien il est aimé !	*quanti æstimatur.*
Il est peu estimé,	*parvi æstimatur.*
Il est fort estimé,	*magni æstimatur.*
Il est moins estimé,	*minoris æstimatur.*
Il est plus estimé,	*pluris æstimatur.*
Il est tant, autant, aussi, si estimé,	*tanti æstimatur.*
Il est assez estimé,	*satis magni æstimatur.*
Il est trop estimé,	*nimiò pluris æstimatur.*

Ire REMARQUE. *Combien, peu, beaucoup, autant, assez,* devant les verbes *refert, interest,* s'expriment par *quanti, parvi, magni, tanti, satis magni.* Il m'importe beaucoup, *meâ magni refert.*

IIe REMARQUE. *Plus* devant *odisse* et *fugere,* se rend par *pejus.* Je le haïssais plus, *eum pejus oderam.*

QUE *après* plus, moins... *Quàm.*

I.

RÈGLE. De quelque manière qu'on exprime *plus, moins,* le *que* suivant se rend toujours par *quàm.*

10

EXEMPLES.

Plus / Moins	} de courage que de prudence.
Plùs. / *Minùs*	} *fortitudinis quàm prudentiæ.*
Plus / Moins	} de villes que de bourgs.
Plures / *Pauciores*	} *urbes quàm vici.*
Il est	{ plus / moins } estimé que son frère.
Pluris / *Minoris*	} *æstimatur quàm frater.*

II.

QUE *après* autant, aussi.

1° S'il est devant un nom de choses qui ne se comptent pas, on l'exprime par *quantùm*, avec le génitif.

EXEMPLE.

Autant de modestie que de science; *tantùm modestiæ, quantùm doctrinæ.* On dit aussi, *tanta modestia, quanta doctrina.*

2° Devant un nom de choses qui se comptent, on l'exprime par *quot.*

EXEMPLE.

Autant de fruits que de fleurs; *tot fructus, quot flores.*

3° Devant un adjectif ou un adverbe, par *quàm.*

EXEMPLE.

Il est aussi prudent que brave; *tàm prudens est, quàm fortis.*

4° Devant un verbe ordinaire, par *quantùm.*

EXEMPLE.

Je vous aime autant que vous m'aimez; *tantùm te amo, quantùm me amas.*

5° Devant un verbe de prix ou d'estime, par *quanti.*

EXEMPLE.

Je vous estime autant que vous m'estimez; *tanti te facio, quanti me facis.*

REMARQUE. Après *autant, aussi, que* suivi de *peu* s'exprime par *quàm*, et alors *autant* s'exprime par *tàm magni.*

EXEMPLE.

Il vous importe autant qu'il m'importe peu; *tuâ tàm magni refert, quàm parvi meâ.*

III.

6° *Autant que* au commencement d'une phrase, s'exprime par *quantùm.*

EXEMPLE.

Autant que je puis prévoir; *quantùm prospicere possum.*

IV.

7° *Autant, aussi,* a la fin d'une phrase, s'expriment par les adverbes suivans :

S'ils se rapportent

à un nom de choses qui ne se comptent pas,	*tantùmdem.*
à un nom de choses qui se comptent	*totidem.*
à un adjectif,	*idem.*
à un verbe ordinaire,	*tantùmdem.*
à un verbe de prix,	*tantidem.*

EXEMPLES.

Vous avez beaucoup de loisir, je n'en ai pas autant; *habes multùm otii, non habeo tantùmdem.*

J'ai beaucoup de livres, vous n'en avez pas autant; *sunt mihi libri benè multi, non sunt tibi totidem,* etc.

V.

Après *aussi, autant, plus,* on exprime de cette manière :

Qu'homme du monde, Que qui que ce soit,	*Quàm qui maximè.*
Que chose du monde, Que quoi que ce soit,	*quàm quod maximè.*

10*

Que jamais, *quàm quod maximè.*

Qu'en aucun lieu du monde, *quàm ubi maximè.*

Avec un verbe de prix ou d'estime, mettez *quanti* **au lieu de** *quàm,* **et** *plurimi* **au lieu de** *maximè.*

Il est aussi prudent qu'homme du monde, *tournez,* que celui qui l'est le plus; *tàm prudens est quàm qui maximè.*

Il est autant estimé que qui que ce soit; *tanti fit quanti qui plurimi.*

Cela m'est aussi agréable que quoi que ce soit, *tournez,* que ce qui me l'est le plus; *id mihi tàm gratum est quàm quod maximè.*

Il est aussi paresseux que jamais, *tournez,* que lorsqu'il l'est le plus; *tàm piger est quàm quàm maximè.*

La vieillesse était aussi honorée à Lacédémone qu'en aucun lieu du monde; *senectus tantùm honorabatur Lacedæmone quantùm ubi maximè.*

VI.

AUTANT *répété.*

Quand *autant* **est répété, le premier tient lieu de** *que,* **et s'exprime de même par** *quantùm, quot, quanti,* **etc., le second par** *tantùm, tot, tanti,* **selon les mots auxquels ils sont joints.**

Autant ce jeune homme avait de science, autant il avait de modestie; *quantùm doctrinæ in eo adolescente, tantùm modestiæ inerat.* C'est comme s'il y avait, *ce jeune homme avait autant de modestie que de science;* mais la phrase est renversée.

Autant d'hommes, autant de sentiments; *quot homines, tot sententiæ.*

Autant la politesse plaît, autant la grossièreté déplaît; *quàm delectat urbanitas, tàm offendit rusticitas.*

D'AUTANT devant *plus, moins que*... eò, quò *ou* quòd.

I.

RÈGLE. 1° *D'autant* devant *plus, moins,* s'exprime par *eò* ou *tantò.* 2° *Plus, moins,* s'expriment ensuite selon les mots auxquels ils se rapportent. 3° *Que* s'exprime par *quò* ou *quantò,* s'il est suivi d'un comparatif auquel il se rapporte.

EXEMPLES.

Il est d'autant plus modeste qu'il est plus savant, *tournez,* il est plus modeste, par cela qu'il est plus savant; *eò modestior est, quò doctior.*

Il est d'autant moins estimé, qu'il est plus orgueilleux; *eò minoris fit, quò superbior est.*

Cette règle a lieu, même quand *d'autant plus* est suivi de deux *que. Ex. Tibi eò plus debebo, quò tua in me humanitas fuerit excelsior quàm in te mea.* Cic. ad Attic lib. 5. Epist. 20.

II.

Que après *d'autant plus,* s'exprime par *quòd,* s'il n'est pas suivi d'un comparatif.

EXEMPLE.

Cela a paru d'autant plus surprenant, qu'on ne s'y attendait pas; *id eò mirabilius visum est, quòd à nemine expectabatur.*

REMARQUE. *A proportion que* se tourne par *d'autant plus,* et s'exprime de même.

EXEMPLE.

Il est plus modeste, à proportion qu'il est plus savant; *·eò modestior est quò doctior :* c'est-à-dire, il est d'autant plus modeste, qu'il est plus savant.

PLUS *ou* MOINS *répétés*... quò, eò.

I.

Plus, moins, répétés, sont la même chose que

d'autant plus, *d'autant moins*, mais la phrase est renversée; ainsi l'on met *quò* devant le premier *plus* ou *moins*, *eò* devant le second en exprimant toujours *plus* et *moins* selon les mots auxquels ils se rapportent.

EXEMPLE.

Plus il est savant, plus il est modeste; *quò doctior, eò modestior est.*

II.

Plus, on, plus une personne, se tournent par *plus quelqu'un*, *quò quis*, avec un comparatif. *Plus une chose* se tourne par *plus quelque chose*, *quò quid*, (*pour* quò aliquis, aliquid; *après* quò *on retranche* ali).

EXEMPLES.

Plus on est vicieux, plus on est malheureux; *tournez,* plus quelqu'un est vicieux.... *quò quis vitiosior, eò miserior est.*

Le premier *plus on* peut encore s'exprimer par *ut quisque* avec un superlatif, et le second par *ità* avec un superlatif encore. *Ex.* Plus on est vicieux, plus on est malheureux; *ut quisque vitiosissimus, ità miserrimus est.*

Tout le monde convient que plus une chose est difficile, plus il faut y apporter de soin; *fatentur omnes, quò quid difficilius est, eò majorem ad id adhibendam esse curam.* Lorsqu'il y a un *que* retranché devant le premier *plus* ou *moins*, ce *que*, retombe sur le second *plus* ou *moins*.

LE PLUS, LE MOINS.

I.

Devant un adjectif,

Le plus s'exprime par un superlatif, ou par *maximè*, avec le positif.

EXEMPLE.

Le plus savant de tous, *omnium doctissimus*, ou *maximè doctus.*

Le moins s'exprime par *minimè*, avec le positif.

EXEMPLE.

Le moins savant de tous, *omnium minimè doctus.*

Servez-vous aussi de *maximé, minimé,* avec un verbe ordinaire.

II.

Devant un verbe de prix, d'estime,

Le plus s'exprime par *maximé, plurimi.*	*Le moins* s'exprime par *minimi.*
EXEMPLE.	**EXEMPLE.**
L'enfant que j'estime le plus, *puer quem plurimi omnium facio.*	L'enfant que j'estime le moins, *puer quem minimi omnium facio.*

III.

Devant un adjectif ou un adverbe suivi d'un *que* adverbe,

Le plus s'exprime par le superlatif, devant lequel on met *quàm.*	*Le moins* s'exprime par *quàm minimè,* avec le positif.
EXEMPLE.	**EXEMPLE.**
Soyez le plus indulgent que vous pourrez, *esto quàm facillimus.*	Soyez le moins indulgent que vous pourrez, *esto quàm minimè facilis.*

IV.

Devant un nom singulier, suivi d'un *que* adverbe,

Le plus s'exprime par *quàm plurimàm* avec le génitif, ou par *quàm plurimus, a, um,* que l'on fait accorder avec le nom.	*Le moins* s'exprime par *quàm minimàm,* avec le génitif, ou par *quàm minimus, a, um,* que l'on fait accorder avec le nom.
EXEMPLE.	**EXEMPLE.**
Il a employé le plus de diligence qu'il a pu, *adhibuit quàm plurimàm potuit diligentiæ,* ou *quàm plurimam potuit diligentiam.*	Il a employé le moins de diligence qu'il a pu, *adhibuit quàm minimàm potuit diligentiæ,* ou *quàm minimam potuit diligentiam.*

V.

Devant un nom pluriel de choses qui se comptent,

suivi d'un *que* adverbe,

Le plus s'exprime par *quàm plurimi, mæ, ma,* que l'on fait accorder avec le nom.

EXEMPLE.

Il a lu le plus de livres qu'il a pu, *quàm plurimos potuit libros legit.*

Le moins s'exprime par *quàm paucissimi, mæ, ma,* que l'on fait accorder avec le nom.

EXEMPLE.

Il a lu le moins de livres qu'il a pu, *quàm paucissimos potuit libros legit.*

VI.

Devant un adjectif suivi d'un *qui* ou *que* relatif,

Le plus s'exprime par le superlatif; *qui* ou *que* se rend par *qui, quæ, quod,* avec le subjonctif.

EXEMPLE.

Il est le plus savant que je connaisse, c'est-à-dire, le plus savant de tous ceux que je connaise; *est omnium quos noverim doctissimus.*

Le moins s'exprime par *minimè,* avec le positif; *qui* ou *que* se rend par *qui, quæ, quod,* avec le subjonctif.

EXEMPLE

Il est le moins savant que je connaisse, c'est-à-dire, de tous ceux que je connaisse; *est omnium quos noverim minimè doctus.*

TANT QUE.

I.

1re RÈGLE. Si *tant que* est précédé d'une négation, on le tourne ordinairement par *autant que,* et on l'exprime de même.

EXEMPLES.

Il n'a pas tant de science que de présomption, c'est-à-dire, autant de science que de présomption; *non in eo inest tantùm doctrinæ quantùm arrogantiæ.*

Il n'y a pas tant de fruits que de fleurs; *non sunt tot fructus quot flores.*

Tant devant un comparatif se rend par *tantò.* Tant pis, *tantò pejùs;* tant mieux, *tantò meliùs.*

II.

IIᵉ RÈGLE. Si *tant* ne peut pas se tourner par *autant*, c'est-à-dire, s'il n'y a pas de comparaison, le *que* suivant s'exprime toujours par *ut* avec le subjonctif.

EXEMPLES.

Il a reçu tant de coups, qu'il en est mort; *tot plagas accepit, ut mortuus sit.*

J'estime tant la vertu, que je la préfère à tous les trésors; *tanti facio virtutem, ut eam thesauris omnibus anteponam.*

III.

Tant que signifiant *tandis que, tant de temps que*, s'exprime par *dùm, donec, quamdiù.*

EXEMPLES.

Tant que vous serez heureux, vous compterez beaucoup d'amis; *donec eris felix, multos amicos numerabis.*

Tant qu'il a vécu, *quamdiù vixit.*

IV.

Tant.... que signifiant *non-seulement, mais encore*, s'exprime par *tùm* répété, ou par *cùm, tùm.*

EXEMPLE.

Les philosophes tant anciens que modernes; *philosophi tùm veteres, tùm recentiores*, ou *cùm veteres, tùm recentiores.*

V.

Non pas tant pour... que pour... s'exprime par *non tàm ut..... quàm ut.....* avec le subjonctif.

EXEMPLE.

Je vous écris, non pas tant pour vous louer, que pour vous féliciter; *ad te scribo, non tàm ut te laudem, quàm ut tibi gratuler.*

VI.

Tant... tant il est vrai que... se rend en latin par *adeò* devant un adjectif ou un verbe ordinaire, par *tanti* devant un verbe de prix, *tantò* devant un comparatif.

10**

Tant est rare une amitié fidèle; *adeò rara est fidelis ami-cilia.*

Tant la sagesse l'emporte sur les richesses; *tantò præs-tat divitiis sapientia.*

SI *adverbe.*

I.

Quand *si... que...* peut se tourner par *aussi... que,* on l'exprime de même. (Voyez *que* après *aussi,* page 219.)

II.

Quand *si* ne peut pas se tourner par *aussi,* on l'exprime par *tàm, adeò, ità,* devant un adjectif, un adverbe et un verbe ordinaire; par *tanti* devant un verbe de prix ou d'estime, et le *que* s'exprime toujours par *ut.*

Dieu est si bon qu'il aime les hommes; *Deus est tàm bonus ut amet homines.*

Il fut si frappé de cette nouvelle, qu'il mourut; *eo nuncio ità percussus est, ut mortuus sit.*

Il est si estimé que.... *tanti fit ut....*

III.

Si grand s'exprime par *tantus, ta, tum; si petit* par *tantulus, la, lum;* et quand *si* ne peut pas se tourner par *aussi,* le *que* suivant se rend par *ut,* avec le subjonctif.

La bonté de Dieu est si grande, qu'il nous aime; *tanta est Dei bonitas, ut nos amet.*

Cette étoile est si petite qu'on ne peut la voir, *stella hæc tantula est, ut perspici non queat.*

Mais quand *si grand* peut se tourner par *aussi grand,* on exprime *que* par *quantus, ta, tum;* et quand *si petit* peut se tourner par *aussi petit,* on exprime *que* par *quantulus, la, lum.*

EXEMPLES.

La terre n'est pas si grande que le soleil, *tournez*, n'est pas aussi grande.... *non tanta est terra quantus sol.*

Cette classe n'est pas si petite que la nôtre, c'est-à-dire, aussi petite.... *hæc schola non tantula est quantula est nostra.*

ASSEZ.... POUR.... *en latin,* Tant.... *ou si....* que....

I.

RÈGLE. Quand *assez* est suivi de *pour*, on tourne *assez* par *tant* ou *si*, qu'on exprime selon les mots auxquels il se rapporte : *pour* se tourne par *que*, et s'exprime par *ut* avec le subjonctif.

EXEMPLES.

Avez-vous assez de loisir pour lire, même des fables ? *tournez*, avez-vous tant de loisir que vous lisiez.... *est-ne tibi tantùm otii, ut etiam fabulas legas ?*

Je ne suis pas assez insolent pour me croire roi, *tournez*, si insolent que je me croie.... *non sum tàm insolens, ut regem esse me putem.*

Au lieu de *ut*, on peut se servir de *qui, quæ, quod*, comme après *mériter*.... *Non sum tàm insolens qui regem esse me putem.*

Il n'est pas assez estimé pour que je me fie à lui, *tournez*, si estimé, que je me fie.... *non tanti fit, ut ei confidam.*

II.

Assez peu, suivi de *pour*.... se tourne par *si peu que*.... et s'exprime *assez* par *tàm, peu*, selon le mot auquel il se rapporte, et *pour* par *ut*.

EXEMPLE.

J'ai assez peu d'ambition pour mépriser les honneurs, *tournez*, j'ai si peu d'ambition, que je méprise.... *inest in me tàm parùm ambitionis, ut honores despiciam.*

I.

TROP.... POUR.... *en latin*, plus que (*il ne faut*) pour....

RÈGLE. Quand *trop* est suivi de *pour*, on tourne *trop* par *plus*, qu'on exprime selon les mots auxquels il se rapporte; et *pour* s'exprime par *quàm ut* avec le subjonctif.

EXEMPLES.

Il a avalé trop de poison pour recouvrer la santé; *plus veneni hausit, quàm ut sanitati restituatur.* On peut dire aussi, *quàm qui sanitati restituatur.*

Il a commis trop de crimes pour que les juges aient pitié de lui; *plura admisit scelera, quàm ut illius judices misereat.* On peut dire aussi, *quàm cujus judices misereat.*

Je suis trop élevé pour que la fortune puisse me nuire; *major sum, quàm ut fortuna mihi nocere possit,* (ou *quàm cui*).

Je vous estime trop pour vous blâmer; *pluris te facio, quàm ut te vituperem.*

II.

Ne pas assez... pour... } en latin, *moins que* (*il ne*
Trop peu..... pour... } *faut*) *pour...*

RÈGLE. *Trop peu* se tourne par *moins*, et s'exprime de même; *pour* s'exprime par *quàm ut.*

EXEMPLES.

Il a trop peu d'esprit pour conduire cette affaire, tournez, il a moins d'esprit que.... *minùs habet ingenii, quàm ut rem gerat.*

Il avait trop peu de soldats pour vaincre; *pauciores habebat milites, quàm ut vinceret.*

Il était trop peu estimé pour.... *minoris æstimabatur quàm ut. .*

ADVERBES DE TEMPS.

A PEINE.... QUE.... *Vix.... quàm....* AUSSITÔT QUE...
Statim ut.

I.

A peine s'exprime par *vix*, et le *que* suivant par
quàm avec l'indicatif.

EXEMPLE.

A peine fut-il arrivé qu'il tomba malade ; *vix advenit,
quàm in morbum incidit.*

Aussitôt que s'exprime par *statim ut ; ne pas plutôt que* est la même chose.

EXEMPLE.

Aussitôt qu'il fut arrivé, il tomba malade ; *statim ut
advenit, in morbum incidit.*

II.

Plus tôt signifiant *de meilleure heure,* s'exprime
par *maturiùs ;* s'il signifie *plus vite,* par *citiùs, ce-
leriùs.*

EXEMPLES.

Il s'est levé plus tôt qu'à l'ordinaire; *maturiùs solito surrexit.*

Il est arrivé plus tôt qu'on ne pensait; *citiùs venit quàm
putabant.*

III.

Quand *plutôt* marque la préférence d'une chose
sur une autre, on l'exprime par *potiùs,* et *que de* par
quàm avec le subjonctif.

EXEMPLE.

Combattez plutôt que de devenir esclave; *depugna potiùs quàm servias.*

Après les adverbes et les noms de temps, on exprime *que* par *quàm,* (ou *ex quo,* quand il peut se
tourner par *depuis que.*)

EXEMPLES.

Présentement que... *nunc quàm...*

Hier que.... *heri quùm....*

La dernière fois que je vous vis ; *proximè quùm te vidi.*

Un jour que j'étais avec vous ; *quâdam die quùm tecum essem.*

Il y a long-temps que je vous attends ; *diù est quùm te exspecto.* (*Il y a, il y avait,* se tournent par le verbe *être.*)

Du temps que Rome florissait ; *tùm quùm Roma floreret.*

Un jour viendra que.... *veniet* ou *erit tempus quùm.*

Il y a des temps que.... *incidunt sæpè tempora quùm.*

Il y a deux ans qu'il est mort ; *duo anni effluxêre ex quo mortuus est* (sous-entendu *tempore*), et non pas *ex quibus.*

CHAPITRE CINQUIÈME.

PRÉPOSITIONS FRANÇAISES.

I.

Préposition DE.

De au commencement d'une phrase, s'exprime par *e* ou *ex* avec l'ablatif.

EXEMPLE.

De tous les vices, il n'en est pas de plus grand que l'orgueil ; *ex omnibus vitiis, nulnum est majus superbiâ.*

II.

De entre un nom et le présent de l'infinitif actif, veut le gérondif en *di.*

EXEMPLE.

Le temps de prier, *tempus orandi.*

De entre un nom et l'infinitif passif, ou tout autre verbe qui n'a point de gérondif, s'exprime par différentes conjonctions, selon le verbe d'où le nom est dérivé.

EXEMPLES.

Il tremblait de crainte d'être surpris ; *contremiscebat ne deprehenderetur.* (Après *craindre, de* s'exprime par *ne.*)

Il a une grande joie d'être le premier; *summâ perfundi-tur lætitiâ quòd primas teneat.* (Après *se réjouir, de* s'exprime par *quòd*.

III.

Quand *de*, suivi d'un infinitif, peut se tourner par *si*, on l'exprime en latin par *si*.

EXEMPLE.

Vous me ferez plaisir de lui écrire, *tournez*, si vous lui écrivez; *pergratum mihi feceris, si ad eum scripseris*.

IV.

Quand *de*, suivi d'un infinitif, peut se tourner par *moi qui, vous qui...* on l'exprime par *qui, quæ, quod*, avec le subjonctif.

EXEMPLE.

Que vous êtes malheureux d'avoir couru de vous-même à la mort! *ô te infelicem qui ultrò ad necem cucur-reris !*

Préposition à *devant un infinitif.*

I.

Quand la préposition *à*, précédée d'un nom, peut se tourner par *qui, que*, on l'exprime par *qui, quæ, quod*, avec le subjonctif.

EXEMPLE.

Je n'avais rien à vous écrire, *tournez*, que je vous écri-visse ; *nihil habebam quod ad te scriberem*.

II.

Quand *à* peut se tourner par *si*, on l'exprime en latin par *si*.

EXEMPLE.

A l'entendre parler, vous diriez.... *tournez*, si vous l'entendiez parler.... *quem si loquentem audies, dicas....*

REMARQUE. On met élégamment en latin le présent du subjonctif, au lieu de l'imparfait.

III.

Quand *à* peut se tourner par *pour*, on l'exprime par *ut* avec le subjonctif; et s'il suit une négation, c'est par *ne*.

EXEMPLES.

A dire vrai, *tournez*, pour dire vrai ; *ut verum dicam.*
A ne pas mentir, *ne mentiar.*

ÊTRE *homme à.... femme à....* tournez, *être celui, celle qui....*

RÈGLE. *N'être pas homme à.... femme à.... capable de..* se **tournent** par *n'être pas celui, celle qui,* et s'expriment par *non is qui... non ea quæ,* avec le subjonctif, et le second verbe est toujours à la même personne que le premier.

EXEMPLES.

Je ne suis pas homme à reculer ; *non is sum qui pedem referam.*

Votre mère n'est pas femme à élever mal ses enfants; *non ea est tua mater quæ liberos suos malè instituat.*

Si *être* ou *n'être pas capable* a pour nominatif un nom de chose inanimée, on l'exprime par *posse, possum. Ex.* Tous les trésors du monde ne sont pas capables de satisfaire son avarice, *thesauri quilibet illius avaritiam satiare non possunt.*

Préposition POUR.

Pour s'exprime de différentes manières, suivant ses différentes significations.

I.

Quand *pour* signifie *envers*, il s'exprime par *in* ou *erga*, avec l'accusatif.

EXEMPLE.

Mon zèle pour vous, *meum in te* ou *erga te studium.*

II.

Quand *pour* peut se tourner par *de*, on le rend par le génitif.

EXEMPLE.

L'amour pour la liberté nous est naturel, *tournez*, l'amour de la liberté.... *amor libertatis nobis est innatus.*

III.

Quand *pour* signifie *au lieu de*, il s'exprime par *pro* avec l'ablatif, ou par *loco* avec le génitif.

EXEMPLE.

Pour une épée, il prit un bâton ; *pro gladio*, ou *loco gladii fustem sumpsit.*

IV.

Quand *pour* signifie *à cause de*, il s'exprime par *ob* ou *propter* avec l'accusatif.

EXEMPLE.

Je l'aime pour sa modestie ; *illum propter modestiam amo.*

V.

Quand *pour* signifie *pour l'amour de*, il se rend par *causâ* ou *gratiâ* avec le génitif.

EXEMPLE.

Je ferai volontiers cela pour lui ; *id libenter illius causâ faciam :* pour vous, *tuâ causâ.* (Au lieu des génitifs, *meî, tuî,* on dit *meâ, tuâ* devant *causâ.*)

VI.

Quand *pour* marque l'intention, le motif, il se rend par *in* avec l'accusatif.

EXEMPLE.

Employez tous vos soins pour votre santé; *omnem curam in valetudinem confer.*

VII.

Pour signifiant *à l'avantage, au désavantage de*, se rend en latin par le datif.

EXEMPLES.

Je craignais pour votre vie; *vitæ tuæ metuebam.*

Demander grâce pour quelqu'un; *veniam alicui petere.*

VIII.

Pour devant un infinitif, s'exprime par *ad* avec le gérondif en *dum*, ou par *ut* avec le subjonctif, ou par *causâ*, *gratiâ*, avec le gérondif en *di*.

EXEMPLE.

Il se leva pour répondre; *surrexit ad respondendum,* ou *ut responderet,* ou *respondendi causâ.*

On se sert aussi quelquefois du futur en *rus, ra, rum,* que l'on fait accorder avec le nominatif : *surrexit responsurus.*

Si *pour* est suivi d'un comparatif, au lieu de *ut*, on se sert de *quò.*

EXEMPLE.

Reposez-vous pour mieux travailler; *otiare quò meliùs labores.*

Quand *pour* est accompagné d'une négation, il se rend par *ne* avec le subjonctif.

EXEMPLE.

Pour ne pas vous ennuyer ; *ne vobis tædium afferam.*

IX.

Si *pour* devant un infinitif peut se tourner par *qui, que,* on l'exprime par *qui, quæ, quod,* avec le subjonctif.

EXEMPLE.

Il m'envoya quelqu'un pour m'avertir, *tournez,* quelqu'un qui m'avertît ; *misit hominem qui me moneret.*

X.

Pour devant le parfait de l'infinitif, suivi de ces mots, *ce n'est pas à dire pour cela que.....* se tourne par *quoique.*

EXEMPLE.

Pour avoir salué des méchants, ce n'est pas à dire pour cela que je sois méchant; *quamvis improbos salutaverim, non continuò sum improbus.*

XI.

Pour peu que se tourne par *si peu que,* et s'exprime par *si vel minimùm.*

Pour peu que vous vouliez réfléchir, vous comprendrez la chose : *si vel minimùm cogitare volueris, rem perspicies.*

XII.

Pour, dans ces façons de parler, *pour moi, pour vous*, se rend par *verò*, que l'on met après le pronom.

Pour moi, je suis prêt ; *ego verò sum paratus.*
Pour vous, il vous importe ; *tuâ verò interest.*

XIII.

Pour, signifiant *eu égard à*..... se rend en latin par *ut*, et quelquefois par *pro*, qui gouverne l'ablatif.

Il avait assez de littérature pour un romain, *c'est-à-dire*, eu égard à un romain ; *erant multæ ut in homine romano litteræ.*

Il était habile pour ce temps-là ; *erat ut illis temporibus eruditus.*

Il est assez savant pour son âge ; *pro ætate satis est eruditus.*

Préposition SANS *devant un infinitif français.*

I.

Ire RÈGLE. Quand le verbe qui précède *sans*, n'a ni négation ni interrogation, on tourne *sans* par *et ne pas*, et on l'exprime par *nec*.

Il est sorti sans fermer la porte, *tournez*, et il n'a pas fermé la porte ; *exiit, nec fores clausit.*

II.

IIe RÈGLE. Quand le premier verbe est accompagné d'une négation ou d'une interrogation, on tourne *sans* par *que ne*, et on l'exprime par *quin*, ou *nisi*.

Personne ne devient savant, *ou* qui peut devenir savant sans lire beaucoup ? *tournez,* qu'il ne lise.... *nemo fit doctus, quis potest doctus fieri, quin multa legat?*

REMARQUE. On tourne aussi quelquefois *sans* par *avant que, priusquàm.* Je ne partirai pas sans vous avoir dit adieu. *tournez,* avant que je vous aie dit adieu; *non proficiscar priusquàm tibi vale dixerim.*

Différentes manières d'exprimer la préposition sans *devant un infinitif.*

1° **Par un nom dérivé du verbe.** Sans pleurer, *sine lacrymis.* Sans craindre, *sine metu.*

2° **Par un adjectif.** Passer la nuit sans dormir, *noctem insomnem ducere.* Sans blesser sa conscience, *salvâ fide.* Sans se plaindre, *æquo animo.*

3° **Par un adverbe.** Sans faire semblant de rien, *dissimulanter.* Sans y penser, *temerè, imprudenter.*

4° **Par un participe.** Vous comprendrez cela sans que je vous le dise; *id etiam me tacente intelligis.* Sans rire, *remoto joco.* Sans tarder, *nullâ interpositâ morâ.*

I.

APRÈS *suivi d'un nom.*

Après s'exprime par *post* avec l'accusatif. Après le dîner, *post prandium.*

Quand *après* marque la seconde place, le second rang, on l'exprime par *secundum* avec l'accusatif, ou par *ab* avec l'ablatif.

Après Cicéron, il est sans contredit le premier des orateurs; *secundum Ciceronem,* ou bien, *à Cicerone,* est *oratorum facilè princeps.*

Après signifiant *immédiatement après*, se rend par *sub* avec l'accusatif. *Ex.* Après cette lettre, on lut la vôtre ; *sub eas litteras, recitatæ sunt tuæ.*

II.

APRÈS *suivi d'un infinitif français.*

RÈGLE. *Après* suivi du parfait de l'infinitif actif, se tourne par *après que*, et s'exprime par *postquàm, quàm;* et le verbe se met à différents temps de l'indicatif, de cette manière.

EXEMPLES.

Après avoir lu, j'écris, *c'est-à-dire*, après que j'ai lu... *postquàm legi, scribo.*

Après avoir lu, j'écrivais, *c'est-à-dire*, après que j'avais lu.... *postquàm legeram, scribebam.*

Après avoir lu, j'ai écrit, *c'est-à dire*, après que j'eus lu.... *postquàm legi, scripsi.*

Après avoir lu, j'écrirai, *c'est-à-dire*, après que j'aurai lu.... *postquàm legero, scribam.*

AVANT *suivi d'un infinitif français.*

RÈGLE. *Avant*, suivi d'un infinitif, se tourne par *avant que, antequàm, priusquàm,* avec le subjonctif, de cette manière.

EXEMPLES.

Je lis, je lirai avant d'écrire, *tournez*, avant que j'écrive ; *lego, legam, antequàm scribam.*

Je lisais, j'ai lu, j'avais lu avant d'écrire, *tournez,* avant que j'écrivisse ; *legebam, legi, legeram antequàm scriberem.*

Avant, suivi d'un parfait de l'infinitif, peut se rendre par un participe du passé, en y ajoutant une négation. *Ex.* Il est parti avant d'avoir terminé l'affaire, *c'est-à-dire*, l'affaire n'étant pas terminée, *infecto negotio profectus est*. (*In* ajouté à un adjectif équivaut à *non*).

AU LIEU DE *suivi d'un nom.*

Au lieu de s'exprime par *pro* avec l'ablatif, ou par *loco* avec le génitif.

EXEMPLE.

Au lieu d'épée, il se servit d'un bâton ; *pro gladio,* ou *loco gladii fuste usus est.*

II.

AU LIEU DE *suivi d'un infinitif.*

1° On le tourne par *lorsque je devrais, tu devrais, il devrait....* quand il y a obligation de faire la chose.

EXEMPLE.

Au lieu de lire, il joue, *tournez,* lorsqu'il devrait lire.... *quàm legere deberet, ludit.*

2° On le tourne par *lorsque je pourrais, tu pourrais, il pourrait....* quand il n'y a qu'une simple permission de faire la chose.

EXEMPLE.

Au lieu de jouer, il lit, *tournez,* lorsqu'il pourrait jouer.... *quàm posset ludere, legit.*

III.

Au lieu de... précédé d'un verbe à l'impératif, s'exprime par *non autem,* et le second verbe se met aussi à l'impératif en latin.

EXEMPLE.

Lisez au lieu de badiner, *tournez,* lisez et ne badinez pas ; *lege, non autem nugare.*

IV.

Au lieu que, se tourne par *au contraire,* et s'exprime par *verò, autem,* que l'on met après un mot.

EXEMPLE.

Il lit, au lieu que vous badinez; *tournez,* vous au contraire, vous badinez; *legit ille, tu verò nugaris.*

V.

Quand *au lieu de,* suivi d'un infinitif, peut se tourner par *bien loin de,* on l'exprime de même.

BIEN LOIN DE *suivi d'un infinitif.*

RÈGLE. *Bien loin de*, suivi d'un infinitif, s'exprime par *nedum* avec le subjonctif; et le membre de phrase où il se trouve, devient le second.

EXEMPLE.

Bien loin de m'aimer, il me regarde à peine, *tournez*, il me regarde à peine, bien loin qu'il m'aime; *vix me aspicit, nedum amet.*

CHAPITRE SIXIÈME.

CONJONCTIONS FRANÇAISES.

La principale conjonction française est *Que;* nous en avons parlé dans différents articles.

SI *conditionnel.*

I.

Si, au commencement d'une phrase, se traduit par *si*, et veut le subjonctif devant un imparfait ou un plus-que-parfait.

EXEMPLE.

Si vous le faisiez, si vous l'aviez fait pour l'amour de moi; *id si faceres, si fecisses causâ meâ.*

Ire REMARQUE. Quelquefois au lieu de répéter *si*, on met *que* en français.

EXEMPLE.

Si vous aviez voulu, et que vous eussiez pu; *si voluisses et potuisses.*

2e REMARQUE. Quand le second verbe est au futur, il vaut mieux mettre aussi le premier au futur en latin.

EXEMPLE.

Si vous lisez ce livre, j'en serai charmé; *quem librum si leges, lætabor.*

II.

Quand *si* est suivi de *ne* seulement, on le traduit par *nisi* avec le subjonctif.

EXEMPLE.

Si vous ne prenez garde; *nisi caveas.*

III.

Quand *si* est suivi de *ne pas*, *ne point*, on le traduit par *si non*, *si minùs;* et ces mots, *au moins*, *du moins*, *pour le moins*, s'expriment par *saltem, at certè, ut minimùm.*

EXEMPLE.

Si vous ne craignez pas les hommes, au moins craignez Dieu; *si non homines, at certè Deum time.*

IV.

Si signifiant *quand, parce que*, ne veut pas le subjonctif : ce qui arrive lorsqu'il est suivi de deux imparfaits ou de deux parfaits.

EXEMPLE.

Si je l'appelais, il s'en allait, *tournez*, quand je l'appelais.... *quem si arcessebam, abibat.*

REMARQUE. *Que si* s'exprime par *quòd si, mais si*, par *sin, sin autem; si au contraire, si cela n'était pas*, par *sin aliter, sin minùs.*

Si ce n'est que, à moins que, par *nisi, nisi fortè, nisi verò, nisi si; si ce n'est*, suivi d'un nom, par *nisi;* et même cas que devant; ou par *præter* avec l'accusatif.

SI *dubitatif*.

Si après les verbes de doute, comme *douter si, examiner si, ne pas savoir si, délibérer si, demander, juger, dire, s'informer si*, etc., s'exprime par *an, utrum. Ou si*, s'exprime par *an. Ou non*, s'exprime par *an non, nec-ne.*

EXEMPLES.

Elle demanda si elle était plus grosse que le bœuf; *interrogavit an esset latior bove.*

Je ne sais s'il dort, ou s'il écoute ; *nescio utrùm dor-miat an audiat.* S'il dort ou non, *an dormiat, necne.*

COMME, DE MÊME QUE.

I.

Comme, de même que, dans le premier membre d'une comparaison, s'exprime par *ut* ou *quemad-modùm* avec l'indicatif ; et *de même,* dans le second membre, s'exprime par *sic* ou *ità.*

EXEMPLE.

Comme le feu éprouve l'or, de même l'adversité éprouve l'homme courageux ; *ut* ou *quemadmodùm ignis aurum probat, sic* ou *ità miseria fortes viros.*

II.

Comme, signifiant *pendant que, puisque,* se rend par *quùm,* et il veut le subjonctif.

EXEMPLES.

Comme on le menait au supplice.... *tournez,* pendant qu'on le.... *Quùm ad supplicium duceretur.*

Comme la chose est ainsi, c'est-à-dire, *puisque* la cho-se est ainsi ; *quùm ità se res habeat.*

Différentes locutions françaises.

ALLER, DEVOIR, IL FAUT, *suivis d'un infinitif.*

I.

Quand *aller, devoir,* suivis d'un infinitif, mar-quent seulement qu'une chose est près de se faire, on n'exprime pas le verbe *aller, devoir,* mais on met le verbe suivant au participe du futur, avec le verbe *sum, es, est,* que l'on met au même temps où le verbe *aller* est en français.

EXEMPLES.

Je vais *ou* je dois partir ; *mox profecturus sum.*

11

Il devait partir; *profecturus erat.*

La ville doit être pillée demain ; *urbs cras diripienda est.*

II.

Quand les verbes *devoir, il faut,* marquent obligation, on tourne la phrase par le passif, et l'on se sert du futur en *dus, da, dum.*

EXEMPLE.

Il faut réprimer ses passions, *tournez,* les passions doivent être réprimées ; *comprimendæ sunt libidines.*

Exprimez de même par le participe en *dus, da, dum, avoir besoin* suivi d'un infinitif. *Ex.* Il a besoin d'être excité au travail; *is ad laborem incitandus est.*

III.

Si le verbe qui suit *devoir, il faut,* ne gouverne pas l'accusatif, servez-vous du participe neutre en *dum* avec *est,* et mettez au cas du verbe le nom ou le pronom suivant.

EXEMPLE.

Il faut servir Dieu, *serviendum est Deo.* (Le verbe *servire* gouverne le datif.)

(On peut aussi se servir de *debere, oportere. Oportet Deo servire.*)

TANT S'EN FAUT QUE.... ÊTRE SI ÉLOIGNÉ DE....

Tant s'en faut s'exprime par *tantùm abest,* et les deux *que* suivants par *ut* avec le subjonctif.

EXEMPLE.

Tant s'en faut qu'il vous haïsse, qu'au contraire il vous aime; *tantùm abest ut te oderit, ut contrà te amet.*

On peut exprimer *tant s'en faut que* par *adeò non,* et le second *que* par *ut. Adeò non te odit, ut contrà te amet.* On peut encore le tourner par *bien loin de,* et l'exprimer de même ; *te amat, nedùm oderit.*

PEU S'EN FAUT, IL S'EN FAUT PEU QUE.

Peu s'en faut, il ne tient à rien que, s'expriment par *parùm abest,* et *que* par *quin* avec le subjonctif.

EXEMPLES.

Peu s'en faut que je ne sois très-malheureux ; *parùm abest quin sim miserrimus.*

Peu s'en est fallu qu'il ne tombât ; *parùm abfuit quin caderet.*

On peut encore exprimer *peu s'en est fallu* par *tantùm non,* ou par *penè.* Peu s'en est fallu qu'il ne tombât, *tournez,* seulement il n'est pas tombé ; *tantùm non cecidit; ou* il est presque tombé, *penè cecidit.*

Penser, faillir, manquer, suivis d'un infinitif, s'expriment de même que *peu s'en faut.* Il a pensé tomber.... *tournez,* peu s'en est fallu qu'il ne tombât.

IL S'EN FAUT DE BEAUCOUP QUE.... ÊTRE BIEN ÉLOIGNÉ DE....

Il s'en faut de beaucoup, s'exprime par *multùm abest.... combien s'en faut-il,* par *quantùm abest;* et le *que* suivant par *ut* avec le subjonctif.

EXEMPLE.

Il s'en faut de beaucoup que vous surpassiez vos condisciples, *multùm abest ut tuos superes condiscipulos.*

Cette façon de parler, *faut-il que,* mise par exclamation, ne s'exprime pas ; on met le nom ou pronom à l'accusatif, et le verbe suivant à l'infinitif. *Ex.* Faut-il que je sois si malheureux ! *Me-ne ità miserum esse !*

FAIRE, *suivi d'un infinitif français.*

I.

Quand le verbe *faire,* signifie *faire en sorte,* on

l'exprime par *facere* ou *dare operam ut*, avec le subjonctif.

EXEMPLE.

Faites-moi savoir, *tournez*, faites en sorte que je sache;
fac ut sciam.

Faire connaître, quand il a pour nominatif un
nom de chose inanimée, se tourne de la manière suivante.

EXEMPLE.

Votre lettre m'a fait connaître, *tournez*, j'ai connu par
votre lettre ; *ex litteris tuis cognovi.*

II.

Quand *faire* signifie *contraindre*, *commander*,
engager, on l'exprime par *cogere, jubere, impellere*.

EXEMPLES.

Vous me faites mourir, *c'est-à-dire*, vous me contrai-
gnez.... *mori me cogis.*

Il le fit tuer, *c'est-à-dire*, il ordonna qu'il fût tué; *jussit eum occidi.* (Après *jubeo*, on met toujours le verbe au
présent de l'infinitif.)

Cela m'a fait croire, *c'est-à-dire*, cela m'a engagé à
croire ; *id me impulit ut crederem.*

III.

Ne faire que de.... se tourne par *tout à l'heure*, et
s'exprime par *modò*.

EXEMPLE.

Il ne fait que d'arriver, *tournez*, il est arrivé tout à
l'heure; *modò advenit.*

IV.

Ne faire que, se tourne par *toujours*, et s'exprime
par *semper, perpetuò*.

EXEMPLES.

Il ne fait que badiner, *tournez*, il badine toujours; *perpetuò nugatur.*

Se faire donner quelque chose par force; *aliquid extor-
quere.*

Faire sa paix avec quelqu'un, *in gratiam redire cum ali-
quo.*

Faire espérer à quelqu'un que.... *aliquem in spem ad-ducere.* (Le *que* se retranche.)

Faire concevoir une bonne opinion de soi ; *bonam suî,* ou *de se spem concitare.*

Les autres significations du verbe *faire* se trouvent dans le dictionnaire.

I.

VENIR DE.... *devant un infinitif français.*

Venir de.... devant un infinitif se tourne par *tout à l'heure, modò.*

EXEMPLE.

Il vient de partir, *tournez,* il est parti tout à l'heure ; *modò profectus est.*

II.

Venir à.... N'aller pas.... devant un infinitif, ne s'expriment pas en latin.

EXEMPLES.

S'il vient à savoir cela, *tournez,* s'il sait cela ; *id si res-cierit.*

N'allez pas vous imaginer, *tournez,* ne vous imaginez pas ; *ne existimes,* ou *noli existimare.*

ÊTRE PRÈS DE *ou* SUR LE POINT DE....

Être près de..... devant un infinitif, se tourne par *dans peu, bientôt,* MOX *ou* JAMJAM ; et le verbe sui-vant se met au futur, en *rus, ra, rum,* pour l'actif, en *dus, da, dum,* pour le passif, avec *sum.... eram....*

EXEMPLE.

Il était sur le point de prendre la ville, *mox* ou *jamjam oppido potiturus erat.* On dit encore : *in eo erat ut oppido potiretur.*

NE MANQUER PAS DE....

I.

Ne manquer pas de.... devant **un infinitif**, se tourne par *certainement*, profectò.

EXEMPLE.

Je ne manquerai pas de lui écrire, *tournez*, je lui écrirai certainement ; *ad illum profectò scribam.*

II.

Mais quand on commande quelque chose, *ne manquez pas* se tourne par *souvenez-vous*, memento ; au pluriel *mementote.*

EXEMPLE.

Ne manquez pas de l'avertir ; *memento ut illum moneas.*

LAISSER *devant un infinitif.*

I.

Laisser devant un infinitif, se tourne par *permettre que*, et s'exprime par *sinere*. (Le *que* se retranche.)

EXEMPLE.

Vos chants ne me laissent pas dormir ; *cantus tui non sinunt me dormire.*

II.

Ne pas laisser de, devant **un infinitif**, se tourne par *cependant*, tamen.

EXEMPLE.

Quoique je vous attende vous-même, ne laissez-pas de donner une lettre ; *quanquàm te ipsum exspecto, da tamen epistolam.*

S'OCCUPER à.... SE METTRE à.... SE MÊLER DE....

Les verbes *s'occuper à*, *se mêler de*, devant **un infinitif, ne s'expriment pas en latin.**

EXEMPLE.

Il s'occupe à lire, *tournez*, il lit ; *legit.*

Se mettre à.... devant un infinitif, s'exprime en latin par *cœpisse, cœpi ;* il se mit à pleurer, *flere cœpit.*

AVOIR LA FORCE DE.... LA HARDIESSE DE....

Avoir la force de.... devant un infinitif, s'exprime par *sustinere, audere,* avec l'infinitif latin.

EXEMPLE.

Avez-vous bien eu la force de nier cela ? *Sustinuisti, ausus es id negare ?*

NE SERVIR QU'à....

Ne servir qu'à.... devant un infinitif, ne s'exprime pas en latin.

EXEMPLE.

Cela ne sert qu'à aigrir ma douleur, *tournez,* cela aigrit.... *hoc dolorem meum exulcerat.*

SAVOIR *devant un infinitif français.*

Savoir, devant un infinitif, ne s'exprime pas en latin.

EXEMPLE.

Il sut profiter de cette occasion, *tournez,* il profita de.. *eâ occasione usus est.*

IL ME TARDE DE.... JE SUIS DANS L'IMPATIENCE DE....

Il tarde de.... *être dans l'impatience de*.... s'expriment par *nihil longius est quàm*.... avec l'infinitif, ou *quàm ut*.... avec le subjonctif.

EXEMPLE.

Il me tarde de vous voir ; *nihil mihi longius est quàm ut te videam.*

IL NE TIENT QU'à....

EXEMPLE.

Il ne tient qu'à moi, qu'à vous, que cela ne se fasse ; *per me, per te unum stat, quominùs id fiat.*

AVOIR BEAU....

Avoir beau.... devant un infinitif, se tourne par *en vain, frustrà,* ou *quoique, quamvis, quanquàm.*

EXEMPLE.

Vous avez beau crier, *tournez,* vous criez en vain; *frustrà vociferaris,* ou quoique vous criiez, *quámvis vociferere.*

AVOIR DE LA PEINE à....

Avoir de la peine à.... devant un infinitif, se tourne par *difficilement.*

EXEMPLE.

Il a eu de la peine à obtenir cela, *tournez,* il a obtenu difficilement; *ægrè id impetravit.*

N'avoir pas de peine à.... se tourne par *facilement.*

A FORCE DE....

A force de... devant un infinitif, se rend par le nom dérivé du verbe, avec *multus, a, um.*

EXEMPLE.

A force de travailler, il est devenu savant, *tournez,* par beaucoup de travail.... *multo labore doctus evasit.*

POUR NE PAS DIRE.

Pour ne pas dire, s'exprime par *ne dicam,* et le nom ou l'adjectif suivant se met au même cas que celui qui précède, quand on renvoie le premier verbe à la fin.

EXEMPLE.

Vous êtes un enfant, pour ne pas dire un badin; *tu puer, ne dicam nugator, es.*

AVOIR LE BONHEUR DE.... AVOIR LE MALHEUR DE....

Avoir le bonheur de.... s'exprime par *contingere ut.... le malheur de....* par *accidere ut.*

EXEMPLES.

J'ai eu le bonheur de voir le roi, *tournez*, il m'est arrivé de; *mihi contigit ut regem viderem.*

J'ai eu le malheur d'être vaincu; *mihi accidit ut vincerer.*

AVOIR LIEU, SUJET OU RAISON.

Avoir lieu, sujet ou *raison,* se tourne par le verbe *être,* et l'infinitif suivant se met au gérondif en *di.*

EXEMPLE.

Vous n'avez pas lieu.... de craindre, *c'est-à-dire,* lieu n'est pas à vous de craindre : *tibi non est timendi locus.*

(On peut encore exprimer *de* par *quòd* ou *cur* avec le subjonctif : *non est quòd timeas*).

VOUS NE SAURIEZ CROIRE.

Souvent l'imparfait du subjonctif au commencement d'une phrase, se met en latin au présent du subjonctif, surtout avec *volo, nolo, malo, audeo* et *possum.*

EXEMPLES.

Vous ne suriez croire; *vix credas,* ou *vix credideris.*

Vous le prendriez pour un homme sage; *eum sapere putes.*

MALGRÉ.

I.

Malgré, devant un nom de personne, s'exprime par *invitus, a, um,* que l'on fait accorder avec ce nom.

EXEMPLES.

Il a fait cela malgré lui; *id invitus fecit.*
Je l'ai renvoyé malgré lui; *illum invitum dimisi.*
J'ai fait cela malgré lui; *id illo invito feci.*

II.

Malgré, devant un nom de chose, se tourne par *quoique* avec un verbe.

EXEMPLE.

Il le tua malgré ses cris redoublés, *tournez,* quoiqu'il criât beaucoup ; *illum, quamvis clamitaret, Interfecit.*

AU HAUT DE.... AU MILIEU DE.... AU BAS DE....

EXEMPLES.

Le haut, le sommet d'un arbre, d'un rocher, d'une montagne; *summa arbor, summa rupes, summus mons.*
Au haut de l'arbre, *in summâ arbore.*
Le milieu d'un arbre, d'un rocher, d'une montagne; *media arbor, media rupes, medius mons.* Au milieu du marché, *in medio foro.*
Le bas d'un arbre, d'une montagne; *ima arbor, imus mons.*
Le bout des doigts, *extremi digiti.*
Le fond de la mer, *imum mare.*

FIN.

TABLE DES MATIÈRES.

PREMIÈRE PARTIE.

SECONDE PARTIE.

Syntaxe latine.

TROISIÈME PARTIE.

Méthode, ou manière de rendre en latin les gallicismes les plus fréquents.

Chap. II. Des Pronoms,   194

Chap. III. Des Participes, 209

Chap. IV. Des Adverbes, Ibid.

FIN DE LA TABLE.

TROYES, IMPRIMERIE D'ANNER-ANDRÉ.